된장 쉽게 담그기

된장
쉽게
담그기

썸장CEO
**이순규**

쩜장CEO
**이순규**
**된장 쉽게 담그기**

초판 1쇄 인쇄  2017년 2월 15일
초판 2쇄 발행  2017년 9월  8일

지은이  이순규

펴낸이  황윤억
기획위원  김용수, 김우실, 안창호, 신현석, 전효원, 한상준
책임 편집  이선화
편집  이민섭
교열  양은희
사진  무크하우스
디자인  이윤임
마케팅  박진주
인쇄  애드그린
제본  동양실업

펴낸곳  헬스레터(www.hletter.kr), 한국전통발효아카데미(www.ktfa.kr)
주소  서울시 서초구 남부순환로 333길 36(서초동 1431-1) 해원빌딩 4층
전화  02-6120-0258, 0259 / 팩스  02-6120-0257
전자우편  gold4271@naver.com
출판등록  제2012-00042호
등록일자  2012년 9월 14일

값  20,000원
ISBN  978-89-969505-4-7

이 도서의 국립중앙도서관 출판예정도서목록(CIP)은 서지정보유통지원시스템 홈페이지(http://seoji.nl.go.kr)와
국가자료공동목록시스템(http://www.nl.go.kr/kolisnet)에서 이용하실 수 있습니다. (CIP제어번호: CIP2017002867)

된장
쉽게
담그기

쩜장CEO
이순규

쩜장CEO 이순규 대표(왼쪽)와 한국식품연구원 권대영 전 원장이
'뜰안예된장' 장독을 둘러보고 있다.

## 레시피 공개에 박수를 보낸다

우리나라의 모든 경제가 산업경제의 고속 성장기를 지나 정체기 또는 저속 성장기로 접어들었다. 또 우리나라는 현재 '고령사회'에 접어들고 있다. 이미 일본에서 나타난 현상이지만 고령화는 경제적, 사회적, 국가적 재앙으로 다가오고 있다.

저속 성장기의 식품 산업 발전 방향은 분명 고속 성장기의 방식과는 달라야 한다. 하지만 현재 우리나라 식품 산업은 고속 성장기의 틀인 생산경제를 벗어나지 못하고 있다. 고속 성장 시대에는 시장에서 가격으로 경쟁하기 위해 표준화·자동화·기계화·대량화를 통한 생산경제가 주도해왔다.

이와 같은 기술패권주의는 저속 성장기와 같은 새로운 시대에는 더 이상 유효하지 않다. 한 예로 우리나라는 중국이라는 거대한 국가가 경쟁자이자 시장으로 다가오고 있다. 미래에는 생산경제로 중국을 결코 이길 수 없다. 가격 경쟁으로도 중국을 이길 수 없다. 생산 규모 전쟁으로도 중국을 이길 수 없다.

이러한 저속 성장기에는 소비경제, 전통 지식에 기반을 둔 지속 성장에 초점을 맞추어야 한다. 그러나 아직도 우리나라는 생산경제, 즉 제품 개발, 기술 개발 정책을 쓰고 있다. 식품 산업은 더 이상 기술이 지배하는 산업이 아니다. 산업경제에서 가격 경쟁을 위한 기술은 이미 레드오션red ocean이다.

값을 제대로 받을 수 있는 가치경제를 창조함으로써 경쟁하지 않고 상생하는 장을 펼쳐야 한다.

그러면 가치경제의 가치는 무엇으로 창출할 것인가? 단맛으로 획일화된 맛이 아니라 다양한 맛이다. 칼로리만을 얻기 위해 먹고 곧바로 일할 수 있는 식품, 즉 효율을 추구하기 위한 패스트푸드fast food가 아니다. 자연과 소통하고 기다리는 전통의 슬로푸드slow food이다. 부지런히 일하고 좋아하고 즐기고 나누고 쉬는 모든 삶을 유지할 수 있는 다양한 문화와 전통식품에 그 가치가 있다. 또한 가치는 그러한 식품을 먹었을 때 우리 몸에 미치는 영양과 건강에 관한 과학에서 찾을 수 있다. 즉, 각국의 전통식품을 만들어낸 조상들의 지혜에 있다.

이렇게 전통식품에서 가치를 찾으려는 노력이 중요한 시점에서 '뜰안에된장'의 이순규 대표가 조상으로부터 물려받은 지혜로 수십 년 동안 된장을 빚어오던 중 《된장 쉽게 담그기》라는 책을 발간하게 되니 매우 기쁘게 생각한다. 특히 이번 책은 장류(된장·쩜장·고추장 등)의 전통을 간직하면서도 쉽게 만들어 먹을 수 있는 레시피를 많이 공개했다. 쉽지 않은 일이며, 어려운 결정이었으리라 여겨진다.

이 책의 내용은 앞으로 공유가치(shared value)로 창조되어 우리나라 전통식품의 세계화 및 저속 성장 시대의 경제 발전에 크게 기여할 것이다. 또 당장 도시 젊은 주부들이 도전하고 싶지만 어려워서 못하는 장 담그기에 길잡이가 될 것이다.

식품 문화의 정책은 다른 문화와 같이 옛것을 복원해서 박물관에 잘 보존하는 것이 최상일 수 없다. 옛것을 복원한다는 맥락은 같지만, 이를 계승해서 현대인이 즐겨 찾게 만드는 문화적 가치는 물론 경제적 가치로 승화해야 한다. 때문에 이 책에서 공개한 것 외에도 전통식품의 노하우를 계속 쌓아가고, 그들의 가치를 현대 과학으로 검증하는 일도 매우 중요하다고 본다.

우리나라의 슬로푸드는 발효 식품으로 김치와 장류가 대표적이다. 그러면 우리나라의 이러한 발효 식품은 어떻게 발달했을까? 조상들은 우연하게도 채소나 음식이 고춧가루나 고추와 같이 있으면 썩은 듯싶으나 먹어도 탈이 나지 않는 것을 발견한다. 이것이 발효 식품이 발달하게 된 계기다. 배추와 같은 채소는 고춧가루와 같이 있을 때 썩지 않고 발효되어 김치가 되고, 콩이 썩는 듯한 과정을 거치지만 먹을 수 있는 청국장이 되고, 된장과 간장은 메주가 발효되어 만들어진다.

다른 나라에서는 식품에 향신료를 넣거나 튀기거나 얼리는 방법으로 유해한 미생물이 자라지 못하게 하여 부패를 막는 것으로 저장 문화를 발달시켰다. 반면 우리나라의 발효 문화는 이로운 미생물이 자라게 하여 못된 유해한 미생물을 저해함으로써 부패를 막고 발효를 통해 맛을 증진했다. 즉, 이로운 균(귀신)을 불러와 나쁜 균(잡귀)을 물리치게 하는 문화다(以菌治菌). 이것이 우리의 전통 된장, 고추장, 간장, 김치에 담긴 조상들의 지혜이고 우리가 이어나가야 할 가치다.

앞서도 말했지만 이순규 대표의 공개는 매우 훌륭하다. 앞으로 다른 이들도 이를 모범 삼아 공개하는 기폭제가 되었으면 한다. 이번 책을 발간하는 계기로, 세계적으로 건강한 식품으로 인정받고 있는 우리 전통 발효 식품인 (전통) 장류를 더 사랑하기를 촉구한다. 또 식품과학적·역사 문화적 가치 및 기능성에 대해 지속적으로 관심을 갖는 동기가 되었으면 한다.

• 권대영 (한국식품연구원 12대 원장) •

## 친정 엄마가 딸을 위해 마련한 비법서

종종 듣는 말이 있다.

"음식 맛은 장맛이다."

음식을 만드는 데 장의 역할이 그만큼 중요했고, 정성스럽게 장을 담가 먹던 시절에는 집집마다 장맛이 달랐기 때문에 나온 말이다. 하지만 이제는 장이 공장에서 대량 생산되면서 똑같은 맛을 낼 수밖에 없게 됐고, 집집마다 내려오던 장맛의 비법 또한 점차 사라져가고 있다.

이러한 때 《된장 쉽게 담그기》의 출간이 여간 반가운 것이 아니다. 가족에게 맛있는 음식을 먹이기 위해 직접 장을 담그는 수고를 마다하지 않던 우리네 어머니들처럼, 가족의 건강을 위해 음식 하나에도 많은 관심과 정성을 기울이는 젊은 주부들이 늘어나고 있기 때문이다.

하지만 막상 시도하려고 해도 방법을 알 길이 없었던 것이 사실이다. 《된장 쉽게 담그기》는 친정 엄마가 딸을 위해 마련한 비법서처럼 쉽게, 그리고 정성스럽게 장맛의 비법을 전수하고 있다.

구수한 한국의 맛이 생각날 때, 그리운 엄마의 맛이 생각날 때 찾게 되는, 모든 이를 위한 친정 엄마의 비법서로 자리 잡게 되기를 기대한다.

• 송인경 (KBS 방송 작가) •

한국전통발효아카데미(www.ktfa.kr) 주최 '이순규 된장학교' 이론 수업의 한 장면.

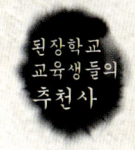

## 전 통  된 장  담 그 기 의  명 쾌 한  해 설 서

산사의 뜰에서 익어가는 향긋한 된장 내음이 마음에 평안을 선사합니다.

이순규 된장학교에서 그동안 된장을 만들며 가졌던 의문들, 즉 메주 빚기부터 메주를 띄우고, 된장을 담그고, 된장과 간장을 가르고, 숙성시키는 과정에서 생기는 많은 의문과 아쉬움, 확신 없는 지식들이 명쾌하게 해결되었습니다. 된장을 만들면서 직접 익힌 비법을 모두 공개해주셔서 정말 감사드립니다. 이제 한발 더 나아가 책으로 공개한다고 하니 더욱 반갑습니다. 우리 된장의 대중화에 큰 도움이 될 것으로 봅니다.

건강한 식문화 정착을 위해 진력하시는 노고에 진심으로 감사드리며, 기쁘고 벅찬 마음으로 된장학교 다녔던 2016년 봄을 떠올려봅니다.

• 연담 스님 (계룡산 보현사 / 충남 계룡시 두마면) •

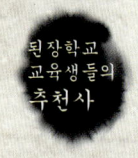

## 발효 식품의 매력, 쩜장에서 찾다

전통 장류 사업에 뛰어들려던 저는 걱정이 앞섰어요. 전통 장류에 관해 기본이 되는 레시피 한 장 없이, 그동안 익힌 감으로 하려니 겁부터 난 것이지요. 식당을 20여 년간 운영하면서 자연스럽게 우리 것, 특히 전통 발효에 관심을 가지게 되었고, 전통 복식과 천연 염색 등 많은 것을 배우러 다녔습니다.

세월이 갈수록 발효 쪽에 더욱 관심을 쏟게 되고, 우리 고유의 장류와 한상준 전통식초학교, 송충성 전통누룩학교, 생활전통주학교 등 다양한 발효 공부를 하게 됐습니다. 체계적인 이론 수업과 실습이 강점인 서울 서초동 한국전통발효아카데미에서 공부하며 착실하게 실력을 쌓아왔습니다.

이순규 된장학교에서 강원도 막장, 경상도 막장과는 또 다른 쩜장에 대해 공부했고, 결국 쩜장의 매력에 푹 빠졌습니다. 쩜장을 배워 담그면서 장류에 대한 자신감이 생겼고, 창업으로까지 이어졌습니다. 도시의 젊은 주부들이 우리 전통 장에 대해 공부하고 싶다면 이순규 된장학교를 두드려보세요.

• 구본일 대표 (감악산마음된장 농장 / 경기도 파주시 적성면) •

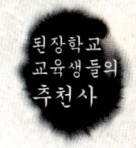

## 쩜장 하나면 어떤 요리도 OK!

장류를 배우기로 마음을 먹고 이순규 된장학교를 선택, 결정하니 생각이 많았습니다. '제주에서 배워도 되는데 괜히 시간만 낭비하는 건 아닐까?' 하는 마음이 들었어요. 하지만 수업 첫날, 현장 실습을 해보고 쉬운 설명을 들으며 친절한 레시피까지 보고 나니 괜한 걱정을 했다는 생각이 들었습니다.

배운 후 집에 와서 어렵지 않게 장을 담글 수 있었습니다. 궁금한 점이 생겨서 이순규 교장 선생님께 여쭤보면 저녁 늦게라도 친절하게 답변을 달아주셔서, 어려움 없이 저만의 맛있는 장을 만들 수 있게 됐습니다.

특히 쩜장은 찌개나 국을 끓일 때 다른 된장으로는 낼 수 없는 맛을 낸답니다. 조미료를 사용하지 않아도, 다른 재료들을 많이 넣지 않아도, 다른 장으로는 흉내 낼 수 없는 맛을 냅니다. 그래서 셰프인 저는 쩜장으로 덮밥이나 볶음면을 만들고, 해물파전의 해물 비린내 잡을 때, 맛있는 나물을 무칠 때, 무청 시래기를 조릴 때에도 쩜장을 사용하고 있어요. 현장에서 배웠던 그대로 《된장 쉽게 담그기》 책으로 나온다니, 저도 서점으로 달려가야겠습니다.

• 김정은 (제주롯데호텔 한식 셰프) •

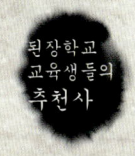

우 리  집  소 울 푸 드

　'이순규 된장학교'에서 우리의 전통 장 담그기를 배운 후 집에서 장류
를 담가 먹기 시작했어요. 직접 담근 장으로 만든 음식은 이제 우리 집 고유
의 맛이 됐습니다. 다른 어디에서도 맛볼 수 없는 우리 집만의 맛, 이런 것
이 소울푸드 Soul Food 아닐까요?

　훗날 아이들이 자라서 된장을 먹으면서 엄마를 그리워하는, 영혼을 따
뜻하게 감싸주는 음식이 되지 않을까요? 자신만이 간직하고 있는 아늑한
엄마의 손맛, 고향의 맛이 되겠지요.

　나이 들면 어릴 때 먹던 음식이 생각난다고 하는데 사실인 것 같습니
다. 아이들이 커서 나중에 '엄마표 음식'으로 어떤 걸 기억해줄지, 이제는
걱정이 없습니다. 엄마가 직접 담근 된장으로 만든 음식들을 기억해줄 테
니까요. 더불어 가족 건강에 많은 도움을 준다는 뿌듯한 자부심도 가지게
됐고요.

• 박경희 (주부 / 경기도 남양주시 별내면) •

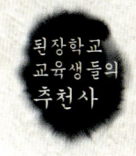

### 핸드메이드 장으로 가족의 건강을 지키다

어릴 적에 메주 냄새라면 질색했어요. 할머니 댁에 들어서면 코를 막고
유난을 떨던 아이였답니다. 그런 내가 어느덧 중년의 사회인이 되었고, 바
쁘다는 핑계로 마트 된장과 바깥 음식에 익숙해져 집 된장의 참맛을 잊고
살던 중 건강에 위험 신호가 왔습니다.

그러한 이유로 집 된장의 비법을 찾아 '이순규 된장학교'에서 교육을 받
았고, 그렇게 보낸 4주일은 이순규 대표님만의 장 담그기 팁을 배운 소중한
시간이었습니다.

이제는 건강한 먹을거리와 집 된장의 중요성을 알기에, 바쁜 중에도 직
접 담근 핸드메이드 장으로 가족의 건강을 지키고 있습니다.

그때 배운 팁 몇 가지를 소개해봅니다. 쩜장은 간장을 가르지 않은 영양
만점의 저염식 전통 재래 된장이다. 항아리에 장을 담아 숙성시킬 때는 햇
볕이 잘 들 수 있도록 항아리의 80%까지 채운다. 보리밥을 지어 추가하면
미생물의 먹이가 되어 발효가 잘되도록 도와준다. 또 조청 대신 배나 매실
등 다양한 재료의 청을 넣어 담글 수 있다.

• 정소윤 (직장인 / 경기도 용인시 수지구) •

필자인 이순규 '뜰안에된장' 대표

왜
한
식
장
인
가
?

메주를 만들고 된장을 담근 지 30년이 되었다. 가정에서 장을 담가도 손이 많이 가고 어렵다고 하는데, 많은 사람들이 맛있게 먹을 수 있는 장을 담그고자 하니 하루도 쉬는 날이 없다. 하지만 이상하게도, 전심전력을 다해 살아갈수록 여유가 생긴다.

한식 장은 '기다림'이다. 영하의 기온을 오가는 계절에 황토방의 메주가 잘 발효되기를, 뜨거운 햇볕에 숨이 차올라도 뜰 안 옹기 속에서 장이 숙성되기를 기다린다. 나만 바쁜 시간이 아니고 자연이 함께 움직이며, 인내하기를 요구한다.

우리 음식은 하나하나 다듬어 손질해 버리는 것 없이 사용하는, 그야말로 기다림과 정성이 없으면 안 되는 특성을 지녔다. 과거 가난에 굶주리고 졸아든 배를 움켜쥐던 시절에도, 좋은 음식을 가려 먹으며 건강한 먹거리에 대한 관심을 가지는 현대의 시절에도 이 원칙은 변함이 없다.

그러나 사람들이 변했다. "빨리 빨리"를 외치며 급하게 가려고만 한다. 산업이 발달하고 편리를 추구할수록 마음은 한가해지지 않는다. 마치 시간을 잃어버린 모모처럼 말이다. 마음에 여유가 없으니 기다리며 정성으로 만든 음식은 일없이 꺼린다. 더구나 지구가 오염되어 온난화 문제가 심각하게 제기되면서, 각종 음식은 기하급수적으로 늘고 있지만 제대로 된 음식 찾기가 쉽지 않다.

사정이 이러하니 '음식의 기본이 되는 장'은 더욱 그렇다. 급해도 기다려야 하는 순리를 모르는 것이다.

나는 장을 담가온 시간 동안 우리 음식의 원칙을 어기려는 생각을 한 번도 해본 적이 없다. 오히려 올바른 한 끼 밥상을 지키고자 장을 배우고, 우리 음식을 고민하며 이 땅의 전통을 지켜나겠다는 생각만 고집스레 해왔다.


수적천석水滴穿石(물방울이 바위를 뚫는다)이라 했다. 내 작은 노력이 쉬지 않으니 된장·간장·청국장 부문에서 전통식품 품질인증서를 받는 결실을 가져왔다. 또 2012년 남양주 슬로푸드 국제대회에 '뜰안에된장'도 참여하게 되었다.

슬로푸드 운동의 기본 철학은 '좋은 음식(Good)·신선하고 맛 좋은 제철 음식, 깨끗한 음식(Clean)·음식의 생산과 소비 과정이 인간과 동물, 지구 환경에 해를 끼치지 않는 음식·공정한 음식(Fair)·소비자에게는 합리적인 가격을, 생산자에게는 공정한 보상을 지불하는 음식'이다. 슬로푸드 운동에 참여하면서, 또 뜰안에된장을 찾아주는 사람들이 늘면서, 나는 많은 사람들이 발효 문화와 저장 음식에 관심을 가지고 소중히 여기고 있음을 실감했다.

그러나 우리 먹거리에 대한 관심만으로, 전통 방식의 발효 식품을 내 손으로 지킨다는 자부심만으로는 무언가 부족하다. 나는 그들에게 '파이를 키우자'고 말한다.

전통식품에 대한 비법은 없다. 건강한 음식, 내 몸과 닮은 음식, 10년 뒤 건강이 좌우되는 음식이면 무엇하는가? 사람들이 전통식품을 먹지 않고, 공장에서 대량으로 생산되어 입맛에 맞게 나오는 음식만 찾는다면 미래는 없다.

전통식품을 좋아하는 사람이 증가하고, 한식 장을 만들어 먹는 사람이 많아질수록 이 땅의 우리 음식은 외면받지 않는다. 조금은 손해를 봐도, 매일 일거리가 가득한 뜰에서 쉽게 떠나지 못해도, 생명을 지키는 건강한 먹거리를 많은 이들에게 나누고 공개하며 알려주기를 멈추지 않아야 한다.

다시 태어나도 저 뜰 안 옹기 사이를 바쁘게 다니며 전통식품을 지킬 나는 '뜰안동 마님이자 된장녀'다.

2017년 2월
쩜장 장인 이 순 규

4       추천사
16      서문    왜 한식 장인가?

# 메주

26      전통 장의 종주국, 메주의 역사
28      메주 속 발효 과학
31      메주, 알아두어야 할 5가지
40      메주 만들기

# 쩜장

46      장을 빚는 이들만 2만 시대, 쩜장으로 승부하다
49      시어머니의 쩜장을 표준 레시피로 만들다
53      저염 된장
56      장맛을 높이는 숨은 공신
61      쩜장 담그기
64      쩜장 숙성 및 보관
67      쩜짜장
71      전통 장 판매의 어려움
74      뜰안동 마님이 추천하는 쩜장 요리
        쩜짜장 / 강된장 / 표고버섯 시래기 밥

# 된장

80  한반도 전역에서 천 년 이상 먹어온 음식

83  정월 장이 좋다고?

85  전통 된장과 시판 된장

88  일거양득, 보리된장 이야기

90  된장 담그기

97  옹기 관리

98  전통식품 품질인증

100  기능성 된장

102  친정 엄마 프로젝트

106  뜰안동 마님이 추천하는 된장 요리
     아삭이고추무침 / 시래기 된장국

# 고추장

111  우리 밥상을 변화시킨 고추

114  고추의 매운맛

117  슈퍼 발효 식품 고추장

124  국내산 재료로 건강과 맛을 챙기는 배고추장

138  숙성 기간 7일 찜장고추장

142  나만의 고추장 즐기기

143  고추장 숙성 및 보관

144  우리 고추장 체험 교육

146  뜰안동 마님이 추천하는 고추장 요리
     오징어볶음 / 떡꼬치

五

# 간장

151    메주의 발효성에 소금의 저장성을 높이다

153    간장의 분류

157    1%의 발견과 99%의 노력

160    재래식간장을 만들기 전 알아두기

164    재래식간장 만들기

171    간장 숙성 및 보관

172    레시피를 지켜라

174    된장학교

177    뜰안동 마님이 추천하는 간장 요리
       오리엔탈 소스 샐러드 / 머윗잎 간장 장아찌

六

# 청국장

183    건강을 지키는 음식, 최고 중의 최고

185    Non-GMO 국내산 대두로 만들어요

187    청국장 만들기

190    김장학교

192    뜰안동 마님이 추천하는 청국장 요리
       청국장찌개 / 생청국장

195    부록 – 된장을 이용한 장아찌

200    참고문헌

## 이순규 장인의 장 담그기 비법 모음

31   메주 5가지 알아두기

59   가정에서 천일염 간수 빼기

60   옹기 소독하는 법

90   소금물 만들기

100   약성을 함유한 건강 된장

128   엿기름물 만들기

131   조청 만들기

133   배청 만들기

162   된장이 되는 가르기 순서

163   간장이 되는 가르기 순서

40   메주 만들기

62   쩜장 담그기

92   된장 담그기

95   보리된장 담그기

136   배고추장 담그기

140   쩜장고추장 담그기

166   재래식간장 담그기

188   청국장 담그기

198   된장 장아찌 만들기

# 메주

정성이 있다면
메주 달인도
울고 간다

# 전통 장의 종주국,
## 메주의 역사

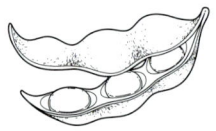

　우리나라의 장(醬)은 콩으로 만든 '두장(豆醬)'이다. 콩을 재배한 것은 초기 철기 시대 무렵으로, 만주가 원산지라고 추정된다. 그 시절 만주는 고구려 땅이므로 콩 재배는 우리 조상에 의해 이루어졌고, 이를 가공한 장을 만들었다고 추측한다. 중국 문헌 《삼국지(三國志)》(290년경) 〈위지동이전(魏志東夷傳)〉을 보면 '고구려 사람이 발효 식품을 잘 만든다'라고 쓰여 있다.

　《신당서(新唐書)》(1060년)를 인용하면 발해의 명산물로 시(豉-메주)를 들고 있는데, 고구려 유민 후예국인 발해 사람들이 그 기술을 이어왔음을 알 수 있다.

　메주라는 말이 처음 등장한 문헌은 《삼국사기(三國史記)》(638년)다. 신라 신문왕 3년에 김흠운의 딸을 왕비로 삼을 때 예물로 메주인 '시(豉)를 보냈다'라고 썼다. 폐백 품목에 장과 시가 기록된 것을 보면 당시 메주가 귀한 식품 중 하나였음을 말해준다. 고려 시대에 이르러서는 담두시(콩과 여러 가지 채소를 섞어 만든 메주)와 같은 메주를 소금물에 담가 숙성시켜 사용했다고 전해온다.

　중국 의학서인 《본초강목(本草綱目)》(1596년)에서는 시가 외국산이라고 적었으

며, 중국에서는 시의 냄새를 '고려취高麗臭'라 하여 콩으로 만든 메주가 고대 중국으로 건너갔음을 보여준다. 장을 만드는 중국과 일본, 한국을 비교하면 중국에서는 주로 황두와 밀로 메주 원료를 삼고, 일본은 대두와 쌀·보리·밀 등으로 장국醬麴(메주)을 구성했다. 반면 우리나라는 콩만 이용해 메주를 만든다. 때문에 최초의 장이 중국에서 건너왔다 하더라도, 메주를 쑤어 장을 담그는 방법은 우리 고유의 형식이다.

고려 시대에는 장 자체를 메주(미슌)라 하였는데, 조선 초기에 뜻이 달라져서 말장(며주)이라 기록하고 이를 '메조'라 했다. 이 말장은 본래는 장을 일컫는 것이나 나중에 메주를 가리키게 되었다 한다. 오늘과 비슷하게 콩으로 쑨 메주는 조선 시대에 쓰인 《증보산림경제增補山林經濟》(1766년)에 처음 등장하며, 이 방법이 현재까지 이어오고 있다.

## 메주 속
### 발효 과학

세계적으로 발효 식품은 인류 문명이 발달되기 전부터 자연 발효에 따라 발전했다. 각 나라는 고유한 재료와 환경에 따라 발효 식품이 다른데, 우리나라의 대표적인 발효 식품은 메주를 기본으로 한 '장'이다.

콩을 삶고 찧은 후 손으로 빚어 메주를 만든다. 만든 메주를 말릴 때 등장하는 것이 볏짚이다. 선조들은 메주의 사면을 볏짚으로 두르고 단단히 묶은 다음 바람이 잘 통하는 곳에 매달아 건조했다. 또 건조가 끝나면 따뜻한 방 안에 두어 발효시켰다.

끈이 없어서 볏짚을 사용한 것이 아니다. 볏짚 속에 있는 토착 미생물이 메주에 침투한다는 것을 알았기 때문이다. 메주의 발효에 관여하는 미생물 중 곰팡이는 메주 전체에 골고루 퍼진다. 예를 들어 털곰팡이가 가득 핀 바깥쪽에는 황국균이, 그리고 촉촉한 메주 내부에는 고초균이 자란다. 이 미생물들은 단백질 분해 효소[protease]와 전분 분해 효소[amylase]를 분비하여 콩의 성분을 분해한다.

메주의 숙성 및 발효에 관여하는 주 미생물은 바실러스 서브틸리스[Bacillus subtilis], 바실러스 퍼밀러스[Bacillus pumilus]. 이들은 물 맑고 햇빛 좋고 공기가 깨끗한 곳에서 활발하게 작용한다고 알려져 있다. 더욱이 바실러스 서브틸리스는 짚에서 잘 자라는 성질이 있으니, 이런 사실을 모르고도 짚을 이용해 메주를 발효시킨 선조들의 지혜가 돋보인다.

무엇보다 곰팡이가 피는 것은 메주가 잘 뜨고 있음을 의미한다. 이렇듯 좋은 메주는 잡균이 번식하지 않고 영양 성분을 분해하는 효소를 만드는 유익균이 고루 분포되어 있다.

잘 뜬 메주는 색이 노르스름한데, 콩의 원래 색깔처럼 노랗다면 덜 뜬 것이고 갈색이 약간 나는 것이 좋다. 지나치게 떠서 속이 곯은 것은 좋지 않다. 안으로 잘 뜬 메주인지 구별하려면 표면이 잘 말라 있고 노르스름하며 속은 약간 말랑말랑한 것을 고른다.

"메주에 검정 곰팡이가 있어요. 못 먹나요?"

장 가르기를 하다가 간혹 메주에서 검정 곰팡이가 뭉쳐 있는 것을 보고 이렇게 묻는다. 이것을 어떻게 해야 할지를 묻는 것이다. 자연 발효시킨 메주는 여러 가지 곰팡이 균이 모인다. 사람들은 검은색, 노란색, 흰색, 푸른색 등으로 모습을 드러낸 곰팡이 중 검은색을 매우 경계한다. 메주가 썩었다고 생각하기 때문이다. 검정 곰팡이는 우리 몸에 이롭지는 않지만, 발효 과정에서 자연스럽게 생기는 것이다. 이런 경우 검정 곰팡이를 제거하고 장을 담그면 된다.

유익하지 않은 곰팡이들을 제거하고 메주를 잘게 부순 후 된장을 만들기 위해 잘 치대서 섞는다. 옹기에 담긴 메주는 유익균을 이용해 다시 발효되는 과정을 거치며 몸에 이로운 장으로 탈바꿈한다.

나는 곰팡이에 대해 전문가가 아니지만, 궁금한 점을 관련 분야의 박사나 농업기술센터에 문의하면서 해답을 찾아왔다. 실제로 검정 곰팡이를 제거하고 섞어서 된장을 담그면 2차 발효 및 숙성을 거치면서 예쁘게 노랗게 변한 발효 식품이 된다.

# 정성이 있다면 메주 달인도 울고 간다

전 세계적으로 발효를 거친 음식은 나름의 독특한 맛이 있다. 그 나라의 문화가 담긴, 주관적인 취향이 담긴 향과 맛이 발효 식품에 들어 있다.

우리나라의 된장도 그렇다. 나는 된장의 독특한 향과 색상, 구수한 맛이 한국인의 뼛속 깊이 새겨져 있으리라 생각한다.

그런데 같은 된장이라도 발효 과정에 따라 맛이 다르다. 기본적으로 콩은 발효 과정을 거치면서 원래의 콩보다 더 맛있어진다. 된장, 청국장 등이 맛있는 것은 발효 때문이다.

선조들은 곰팡이가 제대로 피어야 된장이 맛있어진다는 사실을 알았다. 실제로 콩의 성분이 분해되면, 즉 메주가 곰팡이 등의 미생물에 지배되면 된장의 맛이 달라진다. 따라서 그해 메주가 잘 뜨도록 정성을 다해 관리했다. 짚으로 묶어 바람에 말리고, 방 안에 두고 따뜻하게 온도를 유지하는 데 힘썼다.

나는 모든 조건을 맞춰 메주를 띄워도 곰팡이가 각각 다르게 생성된다는 것을 경험으로 알고 있다. 동일한 맛이 나는 전통 장을 대량으로 만들어야 하는 나로서는 매우 신경 쓰이는 일이다. 메주 띄우기가 쉽지 않기에 해

마다 새로운 짚을 정성스레 깔고 온도와 습도를 맞춘 다음 발효실 문을 꼭 잠근다. 메주를 띄우는 동안 혹시 미세한 변화가 일을 그르칠까 싶어서다. 그렇게 외부에서 들여다보기만 하며 철저하게 단속해도 메주의 맛은 각각 다르다.

선조들은 '메주는 정성이다'라고 했다. 나는 지금까지 살아오면서 간직한 좋은 기억 중에서 '정성'과 관련한 내용이 가장 좋다. 끼니마다 자식들을 위해 준비하시던 밥과 김치, 국, 찌개, 나물, 고기류, 젓갈 등이 올라간 어머니의 밥상 같은 것 말이다.

예전에 시어머니께 찰밥 찌는 법을 배웠다. 팥은 무르게 삶고, 찹쌀은 물에 불렸다가 시루에 넣고 찐다. 찌다가 김이 올라와서 쌀이 익으면, 팥 삶은 물에 소금을 타서 익은 쌀 위에 뿌린 후 다시 찐다. 그러면 질지도 않고 꼬들꼬들 맛있는 찰밥이 된다. 요즘 누가 이렇게 찰밥을 해 먹나. 하지만 시어머님은 그렇게 찰밥을 쪄서는 내게 주셨다.

어떻게 하든 메주의 맛이 미묘하게 달라진다면, 선조들은 맛을 균일하게 유지하려고 정성을 들였다. 나 또한 그렇다. 메주를 만드는 과정에서 내가 할 수 있는 것이 있다면 '정성을 다하는 일'이다. 그것이 메주를 대하는 나의 신념이기도 하다.


## 콩 이름표를 확인하라

뜰안에된장의 메주콩은 그해 우리나라에서 수확한 해콩을 사용한다. 국내산 재료만 사용해야 전통식품 인증을 받을 수 있고, 원래부터 이 원칙을 지켜왔다. 직접 재배하거나 농협을 통해 구매한 콩만 사용하는데, 혹시라도 수입 콩이 섞일까 봐 우려해서다.

수입 콩에 대한 우려를 이야기하기에 앞서 GMO(유전자 변형 생물) 콩에 대한 설명이 필요하다. GMO라는 용어는 국제적으로도 정의가 분명치 않다. 우리나라도 용어와 정의가 부처마다 다르다. 예를 들어 식품의약품안전처는 GMO를 '유전자재조합식품'으로 명명하고, '식량 증산, 영양 성분의 개선, 저장성 향상 및 병충해 내성 향상 등을 위하여 생물공학 기법으로 처리한 생물체로부터 유래한 식품'으로 정의한다. 농림축산식품부는 '유전자변형농산물'이라는 용어를 사용한다.

넓은 의미에서 GMO는 '선택적 증식·이종교배·성전환·염색체 변형·유전자 이전' 등 생명공학과 밀접하게 연관된 개념이라고 할 수 있다.

유전자 변형 농수산물은 아그로박테리움법, 원형질세포법, 입자총법 등 3가지 방법을 통해 동물·식물·박테리아·바이러스 등에서 원하는 형질의 특정 유전자를 분리해서 다른 생명체에 이식함으로써 생산된다. 하지만 변형 과정 중에 알레르기를 유발할 수 있고, 예기치 않은 독성으로 인체에 해를 끼칠 수 있다는 주장이 제기되었다.

1998년 8월, 영국 로웨트연구소 푸스타이 박사는 쥐에게 유전자 변형 감자를 먹인 실험에서, 쥐의 면역 체계와 질병 저항력이 크게 떨어짐을 확인했다. 2000년 5월, 독일 예나 대학 연구팀은 유전자 조작 유채의 꽃가루를 먹은 벌의 장 속에서 유전자 조작된 DNA를 검출함으로써, GMO의 유전자가 이를 섭취한 동물과 사람에게 전이될 가능성을 과학적으로 입증했다. 또 〈네이처〉Nature지에 나비monarch·왕나비의 유충이 GMO 옥수수의 꽃가루를 먹고 죽었다는 기사가 실렸다. 그러자 유럽과 일본 등지에서 일제히 GMO 음식Food 반대 운동이 확산되었다.

우리나라에서는 소비자에게 올바른 구매 정보를 제공하기 위해, 2001년 3월부터 농수산물품질관리법에 근거해 콩, 옥수수, 콩나물, 감자 등에 대한 '유전자변형농산물 표시제'를 시행하고 있다.

국산 콩은 수입 콩보다 단백질 함유량이 많고 맛있다. 미국의 콩은 콩기름을 짜낸 다음 찌꺼기는 가축 사료로 사용하기 좋게 개발되었다. 그런데 우리나라 기업들은 미국 콩을 들여와 콩기름을 짠 다음 찌꺼기를 가지고 화학간장을 만든다. 아는 것이 병이고, 모르는 것이 약이다.

메주는 콩이 재료의 전부다. 콩이 정직하지 않고 최상품을 쓰지 않는다면 결과적으로 맛있는 된장, 간장, 고추장 등도 기대할 수 없다. 나의 남편은 곡물 판매업을 하고 있어서 전국의 콩을 다 안다. 마음만 먹으면 농협을 거치지 않고도 얼마든지 콩을 구입할 수 있지만 '사람이 속이려고 마음먹으면 수입 콩을 구매할 위험이 있다'며 '재료비를 아끼지 말 것'을 충고한다. 그의 말에 따라 나의 경영 철학은 지금까지 오직 한 가지다.

'재료를 아끼지 말고 최고를 쓰자. 그리고 정직하게 담근 장을 제대로 판매할 방법을 찾자.'


## 잘 삶은 콩으로 메주를 빚어라

메주콩은 비릿한 냄새가 나지 않고 손가락으로 비벼서 쉽게 뭉그러질 때까지 충분히 익혀야 한다. 덜 익은 콩으로 메주를 쑤면 여러 가지 분해 효소가 제대로 침투하지 못해 장맛이 떨어진다. 또 이런 메주로 간장을 담그면 탁하고 맛이 없어 장으로서의 가치가 떨어진다. 반면 메주콩을 오래 삶아 지나치게 익어도 단백질 분해에 지장이 생기므로 좋지 않다. 고온에서 단시간 익히는 것이 바람직하다.

그런데 무쇠 가마솥에서 높은 온도와 압력으로 삶아도 간혹 콩알이 딱딱한 경우가 있다. 가장자리의 콩들이 주로 그렇다. 그러면 사람들은 다 익지 않았다면서 수입 콩을 사용하느냐고 묻는다. 과거에는 질이 나쁜 콩을 수입했다고 한다. 몇 년 묵은 콩을 가져온 것이다. 이런 콩은 아무리 삶아도 무르지 않았다.

　　가마솥에 삶아도 가장자리의 콩들은 가운데와 똑같이 무르지 않는다. 그렇다고 덜 삶아진 것은 아니다. 이를 방지하고자 가장자리 콩들을 가운데로 모아주어도 꼭 덜 무른 콩이 나타난다. 가마솥이 크고 콩을 많이 삶으면 똑같이 삶아지기가 어렵다.

　　콩이 덜 물렀다 싶으면 메주를 만들 때 잘 치대면 된다. 힘을 주어서 꼭꼭 밟거나 많이 치대면 차진 느낌이 나면서 미생물이 증식하고 발효하는 데 아무 문제가 없다.

　　또 가정에서 콩을 삶을 때 너무 저어서 콩 껍질이 벗겨지면 바닥이 타버린다. 전통적으로 메주를 삶을 때는 가마솥 뚜껑을 여는 것도 금지한다. 뚜껑을 자주 열면 비린내가 날 수도 있으니 주의한다.

# 기계의 도움을 받아라

전통적으로 메주는 수작업을 우선시한다. 손맛이 들어가야 메주가 맛있게 된다고 말한다. 그러나 메주를 대량으로 만들 때는 기계를 쓰지 않고는 불가능하다.

콩을 삶을 때 가마솥이 아니라 압력솥(증자기)을 사용하면 콩이 타지 않으면서도 많이 삶을 수 있다. 뜰안에된장에서는 보통 가마솥 다섯 개에다 7말 정도씩 삶았다. 그 양을 압력솥 하나가 한 번에 삶아낸다. 가마솥은 불을 약하게 해서 뜸을 들이는 중에도 타는 경우가 있다. 그러나 압력솥은 그런 일이 전혀 없다. 가마솥은 닦는 일도 힘들다. 콩이 타면 탄 것까지 닦아야 한다. 무거운 가마솥을 닦는 번거로움이 압력솥 덕분에 없어졌다.

메주를 치대는 일 또한 체력이 많이 소모된다. 콩을 삶아서 틀에 넣고 손으로 만들다가 나중에는 발로 밟기도 한다. 메주에 공기가 들어가지 않도록 꼭꼭 눌러야 하기 때문이다. 만드는 이의 힘이 다르면 메주의 질도 다르다.

어떻게 해야 메주가 같게 나오는가? 그건 기계의 힘이다. 균일한 힘을 가해 일정한 모양이 나오면 똑같은 온도와 습도가 주어졌을 때 메주가 잘 뜨고, 그래야 된장이 일정한 맛을 낼 수 있다.

남편은 내가 여러 가지 연구하는 것을 보고, 마땅한 기계가 무엇인지를 찾아보고 구입한다. 그래서 식품대전에 가면 기계, 설비 부문을 주로 다닌다.

"사람의 힘으로는 안 되는 것도 있다. 세 번 이상 반복하는 것은 기계에 맡겨라. 누군가 나와 같은 생각을 하며 불편함을 개선할 기계를 만들어내고 있다. 때문에 적합한 기계를 찾아내는 것도 장인의 몫이다."

　된장을 만들 때도 기계를 사용하면 편하다. 검정 곰팡이 같은 것은 손으로 떼어내지만 치대는 일은 기계가 하면 훨씬 고르게 잘 섞어준다. 또 간장을 우리지 않은 쩜장을 담그기 위해 메주를 파쇄할 때도 기계의 도움을 받는다. 기계의 힘을 빌리지 않고 일반적인 방법으로 메주를 파쇄하려고 한다면, 방앗간에 가기 전에 손으로 일정한 크기로 부숴야 한다. 남편은 어차피 그럴 거라면 처음부터 기계를 사용하자며, 메주 한 덩이 딱 넣으면 쇠망치가 돌아가면서 패주는 파쇄기를 구입했다.

'힘들다, 못 하겠다' 포기하는 것보다는 기계를 잘 이용해서 전통을 이어가는 것이 더 지혜롭다고 생각한다.

## 잘 마른 메주, 잘 띄운 메주

메주를 만들어 말릴 때 표면이 덜 마르면 잡균이 번식해 독소를 생성하거나 썩는다. 잘못 발효된 메주는 40~50일 동안 소금물 속에 있어도 물이 전혀 묻지 않는 곰팡이가 피기도 한다. 때문에 메주 겉면의 수분을 없애는 것이 매우 중요하다.

본격적인 발효 과정에서 메주를 따뜻한 곳(28~35℃ : 온돌방 등)에서 서로 닿지 않게 늘어놓고 온도를 유지하면 6~12시간 안에 흰 곰팡이가 생기기 시작한다. 이때 너무 높은 온도도 주의해야 한다. 38℃ 이상으로 과열되면 메주 표면이 지나치게 마른다. 그러면 곰팡이 독을 생성하여 인체에 해로울 수 있으므로 주의한다.

뜰안의된장의 발효실은 천연적 수렴과 방부 효과가 있는 소나무 선반에서 메주를 띄우며, 황토방 발효 숙성을 통해 잡균과 잡내를 제거한다. 무엇보다 메주를 잘 띄우려면 항상 적정 온도와 습도를 유지해주는 것이 중요하다.

# 메주
## 만들기

**1. 콩 고르기**

메주콩은 묵은 콩보다는 해콩이 좋다.
벌레 먹은 콩과 돌 등의 이물질을 잘 골라낸다.

**2. 콩 씻어 불리기**

고른 콩을 깨끗이 씻은 다음 무쇠 가마솥에서 한나절 불린다.
이때 물의 양은 콩의 3배로 한다. 콩은 물을 흡수하면서 통통해진다.

**3. 콩 삶아 뜸 들이기**

무쇠 가마솥 안의 불린 콩은 그대로 높은 온도와 압력을 가한다.
보통 5~6시간 동안 푹 삶는데 콩이 바닥에 눌어붙지 않도록
불 앞을 지키며 정성을 들인다.

**4. 식히기**

푹 삶은 콩을 깨끗한 소쿠리에 퍼 담고, 물기와 열기를 빼준다.

**5. 찧기**

절구에 넣고 콩콩 찧는다.

**6. 메주 성형**

메주 틀에 넣고, 속에 공기가 들어가지 않도록 꾹꾹 눌러 메주를 만든다.
메주를 빚을 때 가운데를 약간 오목하게 눌러놓으면 메주가 잘 떠서
곰팡이가 많이 생긴다.

**7. 겉 말리기**

성형된 메주들을 바람이 잘 통하는 곳에서 건조한다.

**8. 발효**

28~35℃의 발효실 선반에 볏짚을 깔고 메주를 올려놓는다.
3~4주 정도 발효를 진행하고 나서 온도를 낮추어 15~18℃에서 4~5주 말린다.

메주

# 쩜장

二

콩의 영양분을
그대로 담은
저염 된장

경기도 남양주시 별내면 청학로에 위치한 '뜰안에된장' 농장의 늦봄 풍경.

# 장을 빚는 이들만 2만 시대,
## 쩜장으로 승부하다

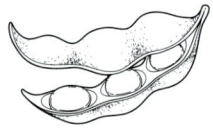

한국의 발효 식품은 면역력을 높여주는 장수 식품이다. 세계적으로도 건강식으로 주목받는다. 몸에 이로운 식재료의 순수한 맛을 살렸기에 한국인의 밥상에서 지금껏 빠지지 않고 있다.

2005년, 서울에서 남양주 별내면으로 들어온 나는 본격적으로 장 연구를 시작했다. 당시에는 농업기술센터 등의 도움은 생각지도 못하고 혼자서 장을 연구하고 만들고 주변에 나누어주며 평가를 받았다.

2011년에는 그동안의 노력이 헛수고가 아님을 증명하듯 된장·간장·고추장 부문에서 '전통식품 품질인증서'를 받았다. 전통식품 인증은 매우 중요한 의미가 있다.

우선 중소기업이 전통식품 품질인증서를 받기가 상당히 어렵다. 외부의 투자나 지원 없이 자력으로 성장하여 까다로운 조건을 모두 통과한 뒤 인증서를 받았기에 더욱 그렇다. 품질인증서의 역량을 바탕으로 서울 국제식품산업대전에 참가하고, 농림축산부가 지정하는 '경쟁력 있는 전통식품'으로 선정되며 농·식품 파워 브랜드로 인정받았다.

우리나라에서 된장 만드는 곳이 2만 곳이 넘는다. 이들 중 전통식품 품질인증서를 받은 업체는 60여 곳뿐이다.

뜰안에된장에서 제조, 판매하는 장 중에서 쩜장이 가장 인기가 좋다. 판매액의 50%가 쩜장이다. 쩜장은 재래식 한식 된장의 다른 이름이다. 어떤 이는 막장이 아니냐고 묻지만 막장과는 다른, 정확한 제법과 특징이 있는 뜰안에된장만의 장이다.

나는 '쩜장'이라는 이름에 애착이 있다. 나는 식재료가 있으면 본능적으로 '어떤 새로운 음식을 해볼까?' 생각하고, 제조법을 표준화하고자 매우 고심하며 엄청나게 노력한 끝에 나온 한식 장이기에 그렇다.

쩜장의 메주는 간장을 우려내지 않고, 그대로 파쇄하여 사용한다.

쩜장

쩜장은 간장을 우려내지 않고 메주를 파쇄해서 보리밥과 천일염, 고추씨 가루를 배합해서 만든 된장이다. 쩜장이 실제로 알려진 것은 2012년 슬로푸드 대회, 서울 국제식품산업대전에 참가하면서부터다.

나는 쩜장을 통해, 눈앞의 이익에만 집중하여 전통 장의 순수한 면을 잃어버리지 않으려고 노력했다. 쩜장을 뜰안에된장을 키워가는 기초로 두되, 초심으로 돌아가 전통 장을 다시 배우고 발효 식품 교육에 참여하며 슬로푸드 매니저 교육을 받는 등 스스로를 독려했다.

또 전통을 바탕으로 한 새로운 음식 만들기를 시도했다. 기능성 장을 연구하기 위해 식재료를 마음껏 사용하며 연구했다. 선인들의 방식이 꼭 옳지만은 않을 거라는 의구심을 가지며 합리적인 방법을 찾으려 했다. 그 결과 현대인의 입맛을 살린 보리된장·보리간장을 만들고, 그를 바탕으로 쩜짜장·장아찌·산야초 발효액 등을 내놓았다.

하지만 전통 장이 고르게 성장하기 위해 나는 모든 장의 제법을 공개했다. 큰 숲을 보며 '전통식품의 확대를 위해 다 같이 성장하자'가 내 경영 신조다. 나만 살자고 생각하는 순간, 대기업이 맛있는 음식이라 광고하며 내놓으면서 사람들의 입맛을 변화시킨다.

정말로 관심을 가진 사람들에게는 원하는 대로 공개하고 아이들까지 먹게 만들어야 전통 장의 시장이 커진다. 그래야 내 것도 있는 것이다. 또 한국인의 힘이 되어준 영양 보물을 지켜낼 수 있다.

## 시어머니의 쩜장을
## 표준 레시피로 만들다

주부인 나를 쩜장 CEO로 만든 일등 공신은 남편 송재옥이다. 남편의 입맛은 참으로 까다롭다. 웬만한 장은 입에도 안 댄다. 외식으로 된장찌개를 사 먹는 일은 절대 없다.

어느 날부터인가 내게 '쩜장'을 만들어달라고 요구했다. 어릴 때부터 먹고 자란 쩜장이 먹고 싶다며 끊임없이 말했다. 결혼 후 시어머니 옆에서 해마다 장 담그기를 도와왔기 때문에 가능할 것이라 여기는 듯했다.

하지만 어머니도 '쩜장'이라 부르는 것을 들으며 기억을 더듬어 장을 만드신 것이었다. 때문에 어림짐작한 제조법과 입 안에 축적된 맛에 의지했다. 지금같이 정확하게 수치화한 제조법은 없었다는 말이다.

'쩜장'은 지역마다 다른 이름으로 전해오는 전통 된장의 하나다. 쩜장이 방송을 타게 된 것은 아주 우연한 기회였다. 모 방송사가 맛집 프로그램을 기획하여 전북 익산을 방문하게 되었다. 그리고 한 곳에서 된장찌개를 매우 맛있게 먹었다. 출연자가 할머니에게 "이게 무엇을 넣고 끓인 찌개인가요?" 하고 물으니 할머니가 "쩜장으로 끓였소" 하고 대답했다.

그게 끝이었다. 할머니는 어떻게 쩜장을 모를 수 있냐는 듯, '그냥 된장이다'라고 답하고 더 이상 설명하지 않은 것이다. 이후 방송 작가는 쩜장을 찾기 위해 여기저기 뒤지기 시작했다.

'이순규 된장학교' 교육생들이 담근 쩜장을 담은 독.

　　당시 나는 4년간 연구 끝에 쩜장을 선보였고, 남편과 함께 주변 지인들에게 나눠주며 맛이 어떤지를 물어보던 때였다. 그중 쩜장을 받은 남편의 친구가 자신의 블로그에 이 쩜장을 소개하면서, 쩜장에 대한 자세한 이야기는 내게 들으라고 링크를 해주었다.

　　'쩜장이 궁금하면 이곳으로…'

작가는 그 한 줄을 보고 뜰안에된장으로 찾아 들어왔다. 그때 나는 이렇게 답변했다.

"나의 시어머니가 만들어 드시던 장이 '쩜장'인데, 어머니도 전해 내려오는 방법대로 '쩜장'을 담그셨어요. 정확한 것은 모르지만, 어느 지역(서해안 연안)의 특색 있는 장이 구전으로 전해 내려온 것이 아닌가 싶습니다."

하지만 작가는 쩜장을 '청국장의 변형된 이름'으로 소개했다. 전혀 엉뚱한 이야기였지만, 이것을 기회로 쩜장의 맛이 인정받으면서 여러 방송 프로그램에 소개되었다.

방송의 힘은 대단했다. 방송을 탔다고 해서 내 삶이 크게 변한 것은 아니었지만 적어도 「모닝와이드」 등 방송 프로그램에 수시로 나가면서 '쩜장이 무엇인가?'를 입이 닳도록 설명하는 시간을 보냈다. 어떻게 하든 쩜장을 알리고 싶다는 마음에 방송에 적극 협조했다. 쩜장을 알리는 것이 일과인 날도 있었다.

쩜장은 고유의 맛이 있다. 쩜장 하나만 있어도 별다른 양념이 필요 없다. 남편은 전통식품에 걸맞게 전통 방식을 고수하라 격려했다. 인위적으로 종균을 넣지 않고 자연 발효를 통해서 메주를 발효시켰다.

나는 어머니가 담그신 장을 생각하면서 쩜장의 맛을 연구했다. 사실 제일 중요한 것은 메주다. 메주가 잘 떠야 구수한 맛이 나온다. 나는 전통 방식으로 살아왔고, 입맛조차 그러하니 독자성을 유지하기 위한 방법도 전통 방식에서 해결될 거란 생각이 들었다.

생각해보면 쩜장의 제법만 있었어도 입맛에 의존하여 표준 레시피 만드는 데 힘을 들일 필요가 없었다. 하지만 우리나라 된장은 제대로 갖춘 제법이 없다. 종갓집 제법이라 해서 찾아보면 손맛이라 숨기고 소금 몇 주먹 정도로만 쓰여 있다. 또 집집마다 된장 만들기가 조금씩 다른 탓에 일관성을

3년 숙성 쩜장　　　　　2년 숙성 쩜장　　　　　1년 숙성 쩜장

쩜장은 숙성된 햇수에 따라 색상과 맛이 달라져서 쓰임이 다르다.

유지하기도 쉽지 않다. 표준 레시피가 없으니 당연히 맛도 해마다 다르다.

　어느 해인가, 한국식품연구원에서 쩜장을 막장의 레시피로 쓰겠다며 연락해왔다. 나는 선뜻 '그러자'며 레시피를 주었다. 한국의 전통 장이 표준 레시피가 없다는 사실은 안타까운 일이다. 염도계의 수치를 정확히 적은 곳조차 별로 없다.

　레시피가 없으면 아무리 장인이라 해도 맛이 없는 장이 나온다. 지금에서야 하는 말이지만 정확한 온도와 습도, 소금의 양 등을 맞출 수 있었다면, 부정 타서 '장이 안 되었다'는 식의 말은 안 했을 것이다. 반대로 맛있는 장이 만들어진 해가 매우 신성시되는 일도 없었을 거다.

　쩜장은 장인이 없다. 어디 가서 배울 곳이 없다. 우리가 처음이기 때문이다. 나는 쩜장이 맛있다며 배우려는 사람들을 보면 신이 난다. '쩜장'만이 보일 수 있는 그 깊은 맛을 아끼고 싶은 마음도 있지만 쉽게 공개하는 것도 그 맛을 여러 사람과 공유하고 싶어서다.

쩜장을 만들어내기까지는 참으로 실수도 많았다. 30년을 함께한 시어머니는 '쩜장, 쩜장' 하시면서 공을 들여 장을 만드셨다. 하지만 내가 쩜장을 재현할 수 있을까?

"어머님이 담그시던 쩜장을 담가보려고요."

시누이는 '그게 될까? 나는 해도 안 되던데'라며 쩜장 만드는 법을 아는 대로 알려주었다.

서울에 살 때는 된장 담그기가 어려웠다. 아파트 베란다에서 된장을 숙성시키기가 쉽지 않았기 때문이다. 그렇게 두 해를 실패했고, 남양주로 내려오면서 본격적으로 쩜장 만들기를 시도했다.

첫해에는 콩 두 말을 담갔는데 맛이 괜찮았다. 주변 사람들에게 쩜장을 나누어주고, 다음 해 다섯 말로 양을 늘렸다. 삼 년째 되던 해 시누이에게 처음으로 평가를 받았다. 그 당시 어머님은 90이 넘은 고령으로 입맛이 정확하지 않았다. 그래서 어머님의 쩜장 맛을 누구보다 잘 아는 시누이의 평가가 중요했다. 시누이는 쩜장 맛을 보더니 '맛있다'며 감탄했다. 정말 다행스럽고, 기쁜 순간이었다.

맛있게 숙성된 쩜장이 주변 사람들을 통해 입소문이 나면서 구매할 수 있느냐는 문의가 들어오기 시작했다. 쩜장을 알리고 싶은 욕심은 컸지만 입으로 전수받은 터여서 정확한 레시피가 없었다. 내 자신이 만족할 수 있는 레시피를 완성한 것이 2009년. 나는 이때부터 쩜장 판매에 나섰다.

보통 된장은 간장을 가르고 남은 메주 건더기를 사용하지만, 쩜장은 메주 그대로를 파쇄하여 사용한다. 메줏가루에 물만 부어 사흘간 발효시킨다. 간장을 가르지 않아 감칠맛이 난다.

쩜장은 달달한 맛도 난다. 그 달콤한 맛의 비밀은 바로 꽁보리밥에 있다. 갓 지은 보리밥을 식혜 메주와 1:3 비율로 섞어 담는다. 여기에 가을에 잘 말린 고추씨 가루를 넣고 국산 천일염으로 간을 맞춘 다음 골고루 잘 버무려준다. 이후 잘 치댄 다음 옹기에서 2년 정도 숙성시키면 맛있는 쩜장이 된다.

무엇보다 쩜장은 저염 된장이다. 일반 된장처럼 소금물에 담그는 것이 아니어서 염도를 낮출 수 있다. 쩜장을 연구할 때 가장 많은 부분을 공들인 결과이기도 하다. 많은 시행착오 끝에 발효에 영향을 미치지 않을 정도의 최저 염도로 표준화했다.

다음은 쩜장을 가정집 된장과 염분 비교 실험을 한 결과다.
쩜장과 가정집 된장을 10g씩 준비하고 물 100ml에 푼 뒤 염도를 비교해보았다.

**1.** 쩜장과 가정집 된장을 각각 10g 준비한다.

**2.** 물 100ml에 풀고, 디지털 염도계를 0으로 맞춘 후 측정한다.

**3.** 염도를 측정하니 쩜장 0.5%, 가정집 된장 0.8%의 수치가 나와서, 쩜장의 염도가 낮았다.

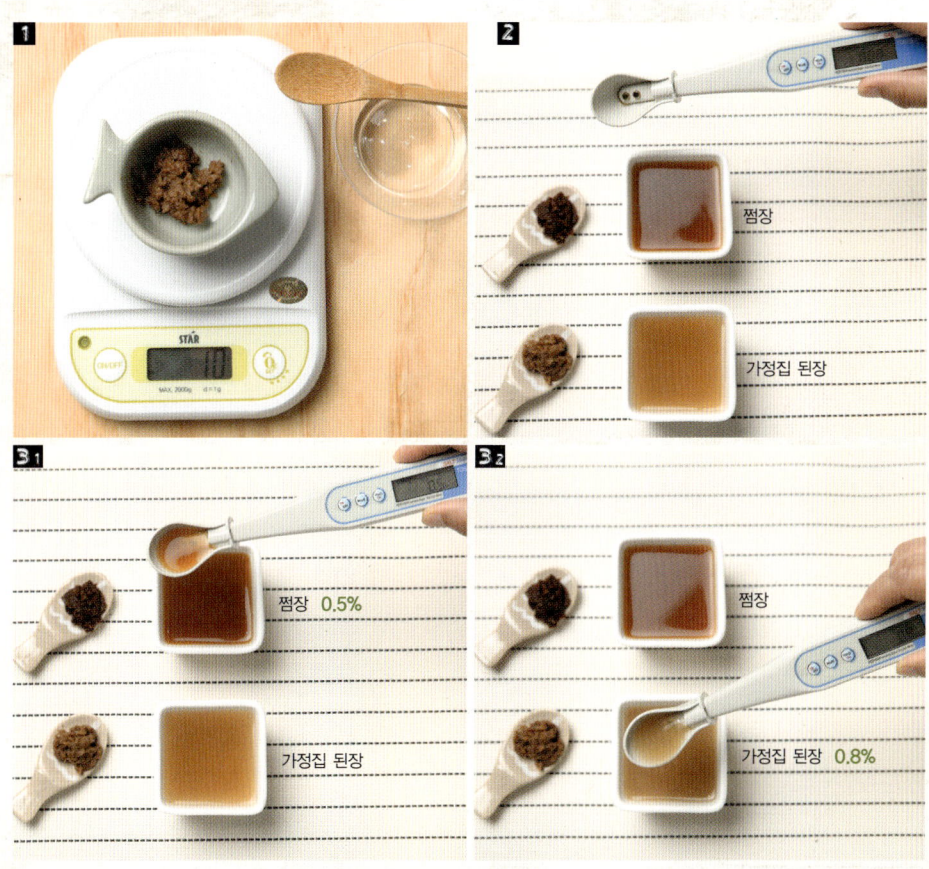

## 장맛을 높이는
숨은 공신

## 깨끗한 소금

많은 사람들이 소금을 고를 때는 '명품 소금' 혹은 '최상품 소금'이라 적힌 것을 선호한다. 과연 소금의 명품은 무엇인가? 나는 '그 어디에도 명품 소금은 없다' 생각한다.

소금은 소금이다. 짠맛을 내는 소금은 입자에 따라, 음식에 따라 용도에 맞게 사용하면 될 일이다. 된장을 담글 때 소금의 역할은 짠맛을 내고 음식을 오래 보존시키는 것이다. 그 결과 장맛이 좋은 메주에서 나온다면, 소금은 재료 본연의 성질에 충실하여 장맛을 지키는 공신이 된다.

그런데 명품 소금은 없다 해도 좋은 소금은 조건이 필요하다. 바로 '깨끗한 소금'이다. 2015년. 「SBS스페셜」 '소금을 대하는 우리의 자세 – 천일염 논란' 편이 방송되었다. 소금의 불편한 진실에 관한 내용이었다. 방송이 나간 후 당연히 소금에 대한 논쟁이 뜨겁게 달아올랐다.

소금은 크게 정제염과 천일염이 있다. 천일염은 일정한 공간에 바닷물을 가둬놓고 햇볕과 바람으로 수분을 증발시키는 방법으로 얻는 소금이다. 우리나라의 전통 소금 제조 방식으로 알려져 각종 음식의 맛을 내는 데 주요한 역할을 하는 것으로 인정받고 있다.

　문제는 염전 바닥에 깔린 시커먼 플라스틱 장판 위에서 긁어모은 천일염이었다. 천일염에 간간이 섞여 있는 검은 입자가 바로 그 장판의 부스러기였다. 또 본격적으로 수분을 증발시키기 위해 옮기기 전, 저수지에 오래 가두게 되는데 이곳의 환경 불량이 고발되었다.

　더욱이 '전통' 소금 제조 방식이라 알려졌던 천일염 제조법은 일제에 의해 도입된 '대만'의 방식이라는 것, 진짜 우리 전통의 제조 방식이었던 '자염煮鹽'은 자취를 감추게 되었다는 것도 담았다.

　정제염도 소개되었다. 천일염이 바닷물이라면 정제염은 심층수를 끌어다가 이온교환막을 통해 만들어진 소금이다. 구체적으로 정제염은 바닷물을 그대로 끌어들여 1, 2차 여과 과정을 거치고, 이온교환막을 통과해서 염도를 높인 소금이다. 이온교환막은 두부를 만들 때 사용하는 거름망과 같다. 비지를 만들기 위해 콩물을 짜내는 것처럼, 높은 염도의 바닷물을 만들기 위한 장치다. 이 장치를 거쳐야만 바닷물의 염도를 3%에서 15%로 높일 수 있다.

이 방송을 만들 때, 뜰안에된장에 방송국이 찾아왔다. 천일염과 정제염의 차이를 알아보기 위함이었다. 방송은 분명 정제염이 좋고 천일염은 나쁘다고 이야기하려는 것은 아님을 정확히 밝혔다. 그들 말이나 나의 생각에는 공통점이 있었다.

'어떤 소금이 명품이라는 것은 의미가 없다. 단지 깨끗한 것이 중요하다'는 사실이다.

나는 무슨 의도인지 알았으나 문제가 될 소지가 있어 남편과 상의했다. 단순 비교를 위한 실험에 뜰안에된장이 협조하면 오해를 가져올 수 있는 상황이었다. 공신력이 있는 방송이라 해도 오해를 산다면 나의 신념이 옳다 해도 결국에는 아무것도 지킬 수 없다.

방송이 나간 후 많은 이들이 소금 이야기로 시끌시끌했다. 천일염이 그동안 과장 광고했던 미네랄 성분, 전통 소금이 아님에도 전통이라 내세웠던 점, 자연·유기농이라는 말을 빗대 위생적인 문제를 비판했기 때문이다. 지금도 사람들은 소금에 대해 묻는다. 그럴 때면 나는 어떤 소금이 좋은지 권하지 않는다.

그럼에도 소금에 대해 묻는다면 뜰안에된장에서는 세척·탈수 천일염을 사용한다고 밝힌다. 나는 장을 만들었던 초기부터 천일염을 사용했다. 그러던 중 고창 해리농협에서 세척·탈수한 천일염을 판매한다는 이야기를 듣고 그 소금을 사용하기 시작했다.

간장을 담그는 경우는 소금물을 풀어 자체 정제하는 과정을 거친다. 그러고 나서도 위의 맑은 물만 사용한다. 하지만 고추장이나 쩜장을 담글 때는 소금이 그대로 들어간다. 이때는 더욱 깨끗한 소금이 필요하다. 세척·탈수 천일염은 일반 천일염보다 40~50% 비싸지만 눈으로 봐도 더 깨끗하다. 이러한 이유로 세척·탈수 천일염을 사용하고 있다.

천일염은 간수를 뺀 묵은 소금이 좋다. 옹기 속에 넓적한 돌을 2~3개 넣는다.
여기에 소금 자루를 통째로 올려두면 자루 아래로 간수가 떨어진다.
이렇게 1년 이상 보관하면서 간수를 뺀 다음 사용하면 좋다.

## 청결한 옹기

　간혹 옹기를 어떤 것을 살지 묻는다. 여름에 만든 옹기는 흙이 쉬어서
못쓰기 때문에 겨울에 만든 옹기를 써야 한다는 말이 있다. 하지만 장작 가
마에서 옹기를 굽던 때의 이야기다. 요즘은 가스 가마를 사용해 바로 구워
내기 때문에 그런 문제는 더 이상 없다.

　쩜장을 담기 전 옹기는 소독을 잘 해두어야 한다. 우선 깨끗하게 닦아서
햇볕에 잘 말린 옹기를 준비한다. 준비된 옹기는 소독을 한다. 예전에는 짚
을 태워 연기를 옹기 안에 가득 채우는 방법으로 소독했고, 이것을 훈연 소

독법이라 한다. 하지만 훈연 소독은 짚불이 묻기 때문에 항아리를 다시 닦아야 하는 불편함이 있다. 그래서 나는 꿀과 숯을 이용해서 소독한다.

## 옹기 소독하는 법

1. 옹기를 깨끗이 씻어 바싹 말린다.
2. 숯에 불을 붙인다.
3. 빨갛게 달군 숯 1개를 항아리 바닥에 둔다.
4. 꿀을 한 숟가락 덜어 숯 위에 떨어뜨린다.
5. 꿀이 지글지글 타면서 연기가 하얗게 피어오른다.
6. 옹기 뚜껑을 닫아 연기로 소독한다.
7. 10분 후 뚜껑을 열면 불이 꺼져 있다.

## 쩜장
### 담그기

　경쟁력 있는 나만의 된장을 만들 때는 '과연 어느 정도의 맛일 때 멈추어야 하는가?'에 고심하게 된다. 사람들은 어딘가 부족함을 느끼면 '2%가 부족하다'고 말한다.

　나는 장 만들기는 자신 있는 프로다. 프로이기에 2%의 부족도 허용하지 않는다는 생각에 쩜장을 내보이기를 오랫동안 망설이다가 4년이 흘렀다.

　생각해보니 일반적인 된장 맛에 익숙한 사람들은 뜰안에된장 맛을 모른다. 때문에 2%가 부족한지 10% 부족한지 알 수 없다. 자격지심에 완벽함을 갖추기 위해 더 돌아서 세상에 나온 쩜장 만들기는 다음과 같다.

쩜장

# 쩜장 담그기

**재료**
파쇄 메주(콩 7kg 분량)
천일염 2.5kg(따뜻한 4월 이후 정월 장 이전까지는 3kg)
보리쌀 2kg
고추씨 가루 500g
물 7.5L

## 장 담그기

**1.** 파쇄한 메주와 용량의 물을 뚜껑이 있는 용기에 넣고 잘 섞은 다음 뚜껑을 덮는다.

**2.** 18℃ 정도의 온도를 유지하며 3일간 발효한다.

**3.** 장 담그는 날, 보리밥을 푹 퍼지게 짓고 완전히 식힌다.

**4.** 1차 발효한 메주와 보리밥, 분량의 천일염과 고추씨 가루를 큰 그릇에 담는다.

**5.** 재료를 골고루 섞어 잘 치댄다.
잘 배합된 재료는 소금이 녹으면서 보기에도 촉촉한 쩜장이 된다.

**6.** 소독한 옹기에 쩜장을 꼭꼭 눌러 담는다. 이때 웃소금을 올려준 후 뚜껑을 닫는다.

**7.** 쩜장 윗부분이 꾸덕꾸덕 마를 때까지(약 두 달) 맑은 날에만 아침에 옹기 뚜껑을 열고 해 지기 전에 덮는다.

**8.** 1년 이상 숙성시킨 후 먹는다.

＊유리 뚜껑일 경우에는 열고 닫고 하는 작업은 생략한다.
＊유리 뚜껑이 없다면, 반드시 옹기 주둥이에 망을 씌워둔다.

# 쩜장
## 숙성 및 보관

쩜장은 간장으로 빠져나갈 메주의 영양소가 그대로 남아 있기에 음식을 했을 때 감칠맛이 나고 영양소도 풍부하다. 쩜장을 옹기에 담을 때는 80%가 차도록 채워야 한다. 숙성되는 과정에서 부피가 증가하기 때문이다. 80%를 채우지 못하면 뚜껑을 열어도 해가 들지 않고 옹기 안쪽에 그늘이 생겨 좋지 않다.

처음 옹기에 담긴 장은 약 2달간 햇볕을 봐야 한다. 뚜껑을 열었다 닫았다 신경을 써야 하는데, 이렇게 해야 장의 윗부분이 꾸덕꾸덕하게 마르기 때문이다. 이 시기의 옹기는 유리 뚜껑이 좋다. 유리 뚜껑은 위로는 햇볕을 받고, 옆으로는 공기가 통하는 장점이 있다. 윗부분이 잘 마른 쩜장은 곰팡이가 생기지 않는다. 방부제가 들어가지 않는 전통 장은 곰팡이가 피지 않도록 매우 주의해야 한다.

이후 장의 윗부분이 잘 말라도 1년 정도는 햇볕을 보게 한다. 잘 숙성된 후에는 햇볕을 차단한다. 가지고 있는 옹기가 유리 뚜껑만 있다면 그 위에 옹기 뚜껑을 더 올려두면 좋다. 햇볕을 차단하는 이유는 수분이 필요 이상 마르는 것을 막기 위해서다. 수분이 마르면 장이 짜진다. 또 되거나 딱딱해진다.

장마철에는 장이 습해지지 않도록 주의해야 한다. 고추씨 가루 등을 쩜

장 위에 뿌려두면 좋다. 아파트에서는 특히 주의해야 한다. 숙성이 잘된 찜장은 이제 칼칼하고 감칠맛이 나는 된장으로 변한다.

숙성 중에 벌레가 생기는 것은 관리가 잘되지 않았다는 증거다. '장이 맛있으면 벌레가 생긴다'는 속설이 있지만 실은 그렇지는 않다. 먹을 것이 부족했던 과거에는 벌레가 생긴 장을 다 먹었다. 조리에 풀어서 벌레를 걸러내고 사용했던 것이다. 지금 생각해보면 어른들이 먹을 것이 없으니 한 말이 아닌가 한다. 지금은 벌레가 생기면 버리겠지만, 먹을 것이 귀한 시절에는 억지로 먹게 했다.

한때 옹기 주둥이에 천을 씌워 장을 관리한 시절이 있었다. 장을 담그고 나면 냄새가 많이 풍긴다. 하루는 파리가 흰 천에 앉았다 갔다. 가서 보니 파리가 앉았던 자리에 알이 있었다. 나는 그 알을 가만히 두고 보았다. 얼마 지나지 않아 놀랍게도 알에서 애벌레가 나왔고, 애벌레는 천 사이를 뚫고 들어갔다

이렇게 꽉 묶어두는데 '어디로 들어갈까?' 의문을 가졌던 나는 천의 약점을 보았다. 그리고 깨달았다. 장에 벌레가 생긴 것은 역시 관리 부주의가 맞다. 본의 아니게 파리의 일생을 잠시 보았고, 그때부터 나는 장 관리를 위해 유리 뚜껑을 덮기 시작했다.

이순규 필자가 쩜장 독을 살펴 숙성 상태를 점검하고 있다.

## 쩜짜장

　메주 그대로 파쇄해서 만든 쩜장은 시간이 지나면 색상이 무척 까매진다. 3년 정도 지난 쩜장은 춘장과도 다를 바 없다. 쩜장은 인기가 좋아 오래 남아 있지도 않지만, 화학 성분과 인위적인 균을 넣지 않기 때문에 3년을 묵어도 큰 문제가 없다.

　숙성 기간을 거친 쩜장의 옹기를 들여다보면 3개 층으로 색상이 나뉘어 있다. 당연히 가장 윗부분의 장이 가장 까맣다. 처음 쩜장을 만들 때는 까만 장은 모두 버렸는데, 버리면서 참 아깝다는 생각이 들었다.

　나는 버려지는 장을 모아서 새로운 연구를 했다. 된장에 박아서 만드는 장아찌가 생각났다. 일반 된장보다도 맛이 좋은 쩜장으로 장아찌를 만든다면 훨씬 맛있겠다는 자신감이 생겼다. 쩜장 장아찌는 여러 번의 시행착오를 거치긴 했지만 지금 뜰안에된장에서 사랑받는 음식이 되었다.

　쩜장의 중간 부분은 쩜짜장으로 사용한다. 쩜짜장은 짜장 소스로 많이 응용된다. 쩜짜장은 정말이지 많은 사람들이 먹어보고 평가하며 검증을 통해 판매된 식재료다. 쩜장에 배청(발효액)을 넣어서 단맛을 냈고, 캐러멜 색소 등의 첨가물을 넣지 않은 무방부제 짜장 소스다.

　생협에는 노란 짜장이 있다. 생협 짜장은 담그는 방식이 다르고, 색상도 검은색이 나지 않는다. 캐러멜 색소를 넣지 않으려고 오징어 먹물을 넣었다

쩜짜장                쩜장

는 사람도 있다.

문제는 2~3년 맛있게 묵힌 쩜장으로 짜장 소스를 만들어야 하니 경제적 손실이 크다는 점이다. 그렇다고 짜장 소스를 비싸게 받을 수도 없다. 실제로 학교 급식 등에 많이 판매되는 쩜짜장은 현실적으로 높은 가격을 부르기가 어려운 상황이다.

나와 남편은 전통 장 사업은 무조건 돈과 연결해서는 안 되는 일이라고 여긴다. 그래서 쩜짜장은 전통 장을 가지고 여러 파생 상품을 만든 데 의의를 둔다. 2015년 쩜짜장은 학교급식박람회 우수급식산업대전에 참가하였는데, 학급에서 쩜짜장을 먹어본 아이들이 기존의 춘장보다 담백하다 평가했다는 전갈을 받았다. 춘장은 역한 냄새를 감추기 위해 기름에 한 번 볶는데 쩜짜장은 그대로 사용하기 때문에 그런 듯하다. 어깨가 으쓱해지는 날이었다.

## 춘장은 어떻게 만들어지나?

대두, 쌀, 보리, 밀 또는 탈지 대두 등을 주원료로 사용하고 국균을 번식시켜 효소를 생산한다. 여기에 소금을 혼합하여 발효, 숙성시킨 다음 캐러멜 색소 등을 첨가하여 가공한 것이다. 법적으로 대두, 탈지 대두 또는 그 혼합물을 10% 이상 함유하게 하고 있다.
보통 탈지 대두를 사용하는데, 춘장의 탈지 대두는 콩에 화학 물질을 넣어 기름을 녹이는 방법을 많이 사용한다. 보존료로 소르브산이나 소르브산 칼륨을 1.2g/kg(소르브산 기준) 수준으로 허용하고 있다. 주로 짜장의 원료로 사용하며, 각종 스프에도 일부 사용한다.

'뜰안에된장' 공동 대표인 이순규, 송재옥 부부.

# 전통 장
## 판매의 어려움

　장이는 죽었다. 이제는 자식에게 기술을 안 물려준다. 장이가 어려운 이유는 사실 안 팔려서 그런 것이다. 뜰안에된장도 옹기가 1,200여 개 묶여 있으니 어렵지, 옹기 속 장이 다 팔리면 힘든 것이 없다.

　전통식품의 판매가 부진한 이유는 첫째, 제대로 된 유통망이 없다는 점이다. 대형 마트의 진열대를 보자. 대기업 제품으로 선점되어 있다. 선점이라 하는 것은 '내가 먼저 제품을 넣는 것이 아니라 매대를 돈 주고 사는 것'이다. 입점 비용을 내서든 제품을 진열하게 만들어야 하는데 이것이 쉽지 않다.

'뜰안에된장' 농장의 여러 장류 제품들.

둘째, 설사 매대에 진열하게 되었다 하더라도 방부제를 넣지 않고는 오랫동안 보관하기가 어렵다. 셋째, 가격 차이가 있다. 공장에서 대량 생산하는 장 제품과는 가격 차이는 물론 마트의 세일 정책도 이겨낼 힘이 없다. 전통 장이 공통적으로 겪는 애로점이다.

때문에 전통식품은 새로운 유통 시스템으로 성장을 유도해야 한다. 예를 들어 뜰안에된장처럼 체험이나 학교를 통해 된장을 담그고 익혀서 가져가는 것으로 소비를 촉진하는 것이다.

바야흐로 6차 산업 시대에 들어섰다. 6차 산업은 농촌을 살리기 위한 제도로, 인위적으로 만든 산업이다. 1차 산업을 기반으로 하여 2차 산업인 제조업을 곱하고, 3차 산업인 서비스업을 곱해서(결합해서) 만들어진 융복합 산업이다.

나는 6차 산업을 이렇게 본다. 이 음식은 진짜 유기농으로 농사를 지어 만들어서 정말 좋은데 팔 곳이 없다. 이때 외부의 관광객들이 와서 체험하고 먹고 사 가는 과정이 6차 산업이다. 다시 말해서 소비자가 와서 직접 보고, 제조에 참여하는 체험도 하며, 매매가 이뤄져 그 음식의 부가가치를 높임으로써 자생하게 만드는 것이 6차 산업의 목표다.

전통 장은 '골라 골라' 하면서 싸게 혹은 투매하여 팔 음식이 아니다. 전통은 우리가 지켜야 할 마지막 자존심이다. 때문에 이곳은 진정한 6차 산업 방식으로 판매가 이루어져야 한다.

그러나 6차 산업은 아직도 해야 할 과제가 많다. 때문에 나는 전통 장의 판매에 그리 연연하지 않는다. 내가 고집스럽게 장만 담그는 것도 같은 맥락이다. 어차피 두 가지 다 잘할 수 없다면 판매보다 제조다. 내가 전통 장을 제대로 만들고 있다면, 장을 사거나 팔기 위해 찾아오는 사람이나 업체가 반드시 있으리라 믿는다.

쩜장을 세상에 막 내놓았던 시절, 지금과 다르게 쩜장을 소개하려고 하루에 같은 말을 얼마나 했는지 모른다. 고민도 많았다. 쉽게 가는 방법도 있는데 왜 이렇게 어렵게 가는가? 하지만 다른 일반 된장처럼 '전통'이라는 이름 덕만 보려 했다면 지금의 뜰안에된장도 없었을 것이다.

**뜰안에된장을 만날 수 있는 곳**

**남양주 매장** | 경기도 남양주시 별내면 청학로 48번길 45, tel 1566-4184
**진접농협 로컬푸드 직매장** | 경기도 남양주시 진접읍 해밀예당1로 8, tel 031-573-2435
**SUM Market**(SM엔터테인먼트) | 서울특별시 강남구 삼성로 648, tel 02-6240-9846
**W-STORE 에이엔씨약국** | 서울특별시 강남구 도산대로 204(강남을지병원 옆), tel 02-544-8459, 8335

# 쩜장 요리

졸업, 생일잔치, 친구 초대 등 아이들이 모이는 곳이면 빠지지 않는 요리가 짜장이다.

짜장 소스는 춘장을 기름에 튀기듯이 볶아서 만든다.

쩜짜장은 기름에 볶는 과정 없이 있는 그대로 사용한다.

때문에 요리가 간편하고, 느끼한 맛이 없다.


쩜장은 강된장을 만들 때 훨씬 맛이 좋고 간편하다.

일반 된장으로 맛있는 강된장을 끓이려면 많은 양념이 필요하지만,

쩜장으로 끓인다면 육수만으로 충분하다.

쩜장으로 끓인 강된장과 가장 잘 어울리는 것은 시래기 밥이다.

시래기 밥에 나물 몇 가지 얹어 강된장에 쓱쓱 비벼 먹으면, 그 맛이 일품이다.

강된장으로 비비면 나물마다 가진 본연의 맛을 느낄 수 있다.

존재감이 강한 고추장과는 또 다른 매력이 있다.

시래기는 보통 무청이나 배추로 만든다.

나는 김장할 때 배추 겉 잎을 따로 염장해두었다가, 시래기 밥 하는 데 사용한다.

염장 배추 시래기가 좀 더 부드러운 맛을 낸다.

호박잎이나 양배추 쌈을 먹을 때는 강된장을 좀 더 되게 끓이는 것이 제격이다.

보통 계량컵으로 1컵은 200㎖이고 1큰술은 15㎖, 1작은술은 5㎖를 의미한다.

계량컵이 없을 때는 종이컵을 사용하며 종이컵 역시 200㎖이다.

## • 쩜짜장 •

(4인분)

고기 100g

쩜짜장 140g

감자 120g

당근 70g

양파 140g

양배추 140g

전분 35g

물 700ml

1. 준비한 채소를 깍둑썰기로 썬다.

2. 채소와 고기를 기름에 살짝 볶는다.

3. 물을 붓고 채소와 고기가 익을 때까지 끓인다.

4. 쩜짜장을 풀어준다.

5. 전분을 넣고 살짝 볶아 접시에 낸다.

# • 강된장 •

멸치 다시마 육수 150ml
쩜장 3큰술
양파 1/4개
청양고추 3개
부추 한 줌
다진 파 1큰술

1. 생수에 멸치와 다시마를 넣고 5분 정도 끓인 후
   다시마를 건지고 2분간 더 끓여 육수를 낸다.

2. 육수 내는 동안 청양고추, 양파, 부추를 다진다.

3. 육수에 양파를 넣고 3분 정도 끓인 후 쩜장을 넣고
   잘 풀어준다.

4. 후루룩 끓으면 다진 파, 청양고추와 부추를 넣고
   한소끔 끓여낸다.

-------------------------------------------------------------

# • 표고버섯 시래기 밥 •

시래기
표고버섯 1개

1. 염장한 시래기를 꺼내서 2시간 정도 물에 담가
   짠맛을 어느 정도 뺀다.
   물에 담그는 시간은 짠맛에 따라서 차이가 있다.

2. 시래기를 꼭 짠 다음 채를 썬다.
   표고버섯도 물에 가볍게 씻어서 채 썬다.

3. 불린 쌀을 먼저 넣고 시래기를 얹는다.

4. 3 위에 표고버섯을 살짝 얹어 밥을 한다.

강된장

표고버섯 시래기 밥

三

# 된장

한국 사람은
된 장 의
힘으로 산다

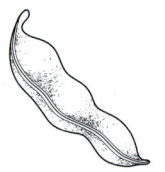

# 한반도 전역에서
## 천 년 이상 먹어온 음식

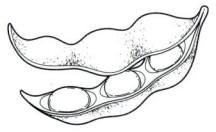

'한국 사람은 된장의 힘으로 산다.'

한국 사람으로 된장을 싫어하는 사람도 있을까? 호박, 양파 등 흔히 볼 수 있는 채소에 두부와 고추를 송송 썰어 넣은 된장찌개는 세계 어디를 가도 잊지 못하는 고향의 음식이다.

우리 민족은 오랜 시간 전부터 된장을 먹어왔다. 초기의 된장은 간장과 된장이 섞인 걸쭉한 상태였다. 《삼국사기》에 콩으로 고를 만들었다는 기록이 그것이다. 좀 더 나아간다면 메주를 쑤어 몇 가지 장을 담그고, 맑은 장도 떠서 썼을 것으로 추측된다.

신라 시대에 된장은 혼수품으로 쓰였으며, 이후 통일 신라 시대에는 전국에서 제조되어 우리 음식의 기본이 되었다. 또 《고려사高麗史》(1451년) 〈식화지〉에는 1018년(현종 9년)에 거란의 침입으로 굶주림과 추위에 떠는 백성들에게 쌀, 소금과 함께 장이 지급되었다는 기록이 있어, 장이 백성들에게도 필수 음식으로 중요시되었음을 알 수 있다.

장 만드는 법에 대한 문헌을 보면, 산둥 반도에 근거를 둔 《제민요술<sup>齊民要術</sup>》(530~550년)에는 "콩을 쪄서 볕에 말리고 열탕에 넣어 껍질을 벗긴 것에 소금, 황, 밀로 만든 가루, 향초를 섞고 발효시킨다. 소금물에 넣어 자주 저어 주면 20일 후에 먹을 수 있고, 맛 좋은 것은 100일이 지나야 한다"라고 기록했다. 그러나 이는 우리나라의 전통 된장 제조법과는 좀 거리가 있기 때문에 우리나라 된장의 기록이라고 주장하기에는 부족하다.

조선 시대에 들어오면 장 담그는 법에 대한 구체적인 문헌이 등장한다. 그중 《구황보유방<sup>救荒補遺方</sup>》(1660년)에는 "메주는 콩과 밀을 이용하여 만들어진다"라고 적혀 있어서, 오늘날의 메주와 다르다고 할 수 있다. 콩으로 메주를 쑤는 방법은 1766년 45종의 다채로운 장류 제법을 정리한 문헌 《증보산림경제》에서 보이기 시작하니, 오늘날 된장 제조법의 기본을 이루고 있다.

과거 채식 위주였던 식생활에서는 단백질 섭취가 부족하기 마련이었다. 그러나 현명한 우리 선조들은 단백질과 지방이 함유된 콩을 이용한 콩 발효 식품을 주요 단백질 공급원으로 이용해왔다.

또 《증보산림경제》에 보면 '장은 모든 음식 맛의 으뜸'이 되고, "가장은 모름지기 장 담그기에 뜻을 두어 오래 묵혀 좋은 장을 얻어야 할 것이다"라고 적었다. 집안의 장맛이 좋지 않으면 좋은 채소와 맛있는 고기가 있더라도 좋은 음식이라 할 수 없다는 뜻이다. 곡류에서 열량 대부분을 얻었던 당시 상황에서 단백질의 공급원이자 세포와 조직 성분의 보충원이라 할 수 있는 된장의 중요성을 알았기 때문이다.

함박눈이 소복하게 쌓인 된장독.

## 정월 장이
## 좋다고?

　우리 조상들은 맛 좋은 장을 담그는 데 알맞은 시기를 선택했다. 즉, 입춘 전에 아직 추위가 덜 풀린 이른 봄에 담가야 소금이 덜 들어 삼삼한 장맛을 낼 수 있다.

　구체적인 날짜로는 정초 세시풍속으로 12간지 중 말<sup>馬</sup>에 해당하는 날을 잡아 장을 담그면 좋다. 즉, 음력 정월 보름이 지나 첫 번째 말날인 오<sup>午</sup>일 또는 그믐 손 없는 날, 병인<sup>丙寅</sup>일, 우수, 입동일, 춘분 · 추분일, 삼복일에 장을 담그면 벌레가 생기지 않는다고 믿었다. 이렇듯 정월 말날을 장 담그는 날로 정한 것은 기를 상징하는 말처럼 왕성하고 풍요롭게 되기를 바라는 의미였다.

　또한 큰달(한 달이 양력으로 31일)에는 1일, 7일, 11일, 17일, 23일이 좋고 작은달에는 3일, 12일, 16일이 좋다고 했다. 그러나 '신일<sup>辛日</sup>'은 음이 '시다'와 통하기 때문에 불길하다고 여겨 장 담그기를 피했다.

　현대에 와서는 말날에 담그지 못할 경우 음력으로 끝이 9나 0인 손 없는 날이 좋다고 했다. 말날은 해마다 뜰안에된장 블로그(네이버 블로그 http://ddle4184.blog.me)에 명시하니 참고하면 좋다.

장을 담근 후 항아리에 둘러친 금줄。금줄은 예로부터 액운을 막아주고 잡균 서식을 막아주는 효과가 있다。

## 전통 된장과
## 시판 된장

　오늘날 된장은 메주를 발효시켜 소금, 물만으로 숙성시킨 전통 된장과, 대두 가루에 종균을 넣어 섞어 만든 시판 된장이 있다. 우리가 식당에서 먹는 된장은 주로 시판 된장으로, 조미료를 넣어 맛을 낸 '비발효 식품'이다.

　현재 시판 된장의 시장 점유율은 그 어느 때보다 빠르게 높아지고 있다. 2015년 모 시판 된장 판매 회사의 설문조사 결과에 따르면, 직접 된장을 담가 먹거나 얻어 먹는 소비자 218명 중 108명(49.5%)이 향후 2~3년 안에 시판 된장을 구매해 먹겠다고 응답했다. 시판 된장을 구매하겠다는 이유는 더 이상 된장을 얻을 곳이 없어져서(38%), 사 먹는 게 편해서(21%), 시판 된장도 맛이 괜찮아서(20%), 된장을 담글 줄 몰라서(8%) 순이었다.

　"직접 만든 된장이 건강에 더 좋다는 것은 알지만, 마트에서 파는 구수하면서 달달한 된장도 괜찮아요. 제일 큰 이유는 매번 된장을 만들기 힘들다는 거예요."

　된장학교에서 만난 주부의 솔직한 말이 아니더라도, 된장은 직접 담그기도 힘들고 주변에서 얻기도 힘든 음식이 되었다. 왜냐하면 된장은 좋은 식재료, 즉 콩·소금·물 외에도 보이지 않는 손길이 더해져야 하기 때문이다. 만든 이의 정성은 물론 햇볕과 지열 등으로 빚어낸 '자연의 맛'이 곁들 어져야 한다.

된장은 담근 후 햇볕이 잘 드는 곳에서 1년 이상 숙성시켜야 제대로 된 맛이 난다. 때문에 아파트나 좁은 건물에서 맛있는 된장을 기대하기가 어렵다. 어떤 주부는 햇볕을 잘 받기 위해 옹기를 옥상에 두었다. 하지만 옥상의 시멘트는 땅과 다르기 때문에 옹기 전체가 뜨거워져서 장이 숙성되지 못했다.

그뿐이 아니다. 양지바른 지역에서 정성껏 장을 담그더라도 해마다 맛이 다르다. 맛있는 해가 있는가 하면 짜고 냄새나는 된장이 나오는 해도 있다.

그럼에도 된장이 전하는 건강 가치는 우리가 알고 있는 것 이상이다. 옛 문헌에는 '된장은 성질이 차고 맛이 짜며 독이 없다'고 했다. 된장은 열을 내리는 데 사용되고, 벌레에 물리거나 쏘여 생긴 독도 풀어주며, 불에 덴 데, 다친 곳에 바르기도 했다. 또한 명절에 난 술병도 된장국으로 달랬다.

또 《동의보감東醫寶鑑》(1610년)에는 된장을 '염시'라고 하면서 효능을 다음과 같이 나열했다. 혈액 순환을 원활하게 하고 소변이 잘 나오게 한다. 나쁜 바람의 독기를 인체 외부로 배출한다. 채소를 날것으로 먹음으로 인해 발생하는 각종 병증을 예방한다. 습기가 인체에 머물러 습진 등 각종 피부 질환이 발생하는 것을 예방한다.

무엇보다 된장은 우리 전통 발효 식품 가운데 항암 효과가 가장 탁월하다. 간은 우리 몸에서 가장 중요한 기관으로, 섭취한 영양소 모두가 간을 통해 분배된다. 된장은 간 독성 지표인 아미노기 전이 효소의 활성을 떨어뜨려 간 기능을 촉진한다.

1969년, 미국 〈타임Time〉지는 메주에 피는 곰팡이가 발암 물질인 아플라톡신을 생산한다고 보도한 적이 있다. 그러나 이것은 장을 만드는 과정에서 완전히 제거될 뿐 아니라 오히려 암세포의 성장을 억제하는 항암 성분이 생기는 것으로 밝혀졌다.

메주는 자연 상태의 발효 과정에서 누룩곰팡이에 의해 발암 물질인 아플라톡신이 생기는데, 이 물질은 장을 담그기 위해 메주를 소금물에 띄우는 과정 중 단백질이 분해된 아미노산에 의해 파괴된다.

반면 시중에서 쉽게 구할 수 있는 시판 된장은 콩, 밀가루(소맥분) 등을 섞어 메주를 만든 다음 코지koji균을 접종해 속성으로 발효시킨다. 굳이 시판 된장을 사 먹어야 할 때는 대두(콩) 이외의 성분 함량이 적은 것, 유통 기한을 확인하여 제조한 지 3개월 이상이 지나 발효가 진행된 것, 영양 성분이 더 많은 국내산 재료를 사용한 것을 꼼꼼히 따져서 골라야 한다. 또 성분표시에서 염분 함량을 확인하는 것이 좋다.

## 일거양득,
## 보리된장 이야기

　뜰안에된장에서 만드는 된장은 '보리된장'이다. 전통 된장은 콩, 소금, 물만으로 만든다면, '뜰안에된장'은 보리를 추가한다. 만드는 방식은 전통 방식과 크게 다르지 않지만 보리를 섞는 과정이 추가된다.

　보리된장은 보리간장을 담그다가 만들어낸 된장이다. 일거양득, 도랑 치고 가재 잡기다.

　보리된장은 메주 띄우기가 까다롭다. 메주콩을 삶고 보리밥을 짓고 적당히 식힌 후 한데 섞어 절구질을 한다. 보리와 콩이 구분되지 않을 때까지 뭉개지면, 메주 틀에 깨끗한 천을 깔고, 만든 메주가 잘 빠져나오도록 비닐을 깐 후 손으로 꾹꾹 눌러가며 메주를 만든다.

　처음에는 보리가 섞인 메주를 발효하려니, 메주의 곰팡이가 잘 띄워지지 않았다. 우여곡절 끝에 메주 띄우기에 성공해서 지금의 보리된장과 간장이 나올 수 있었다.

　보리된장은 보리가 들어가 더 감칠맛이 난다. 늘 이 된장만 찾는 이들이 있을 정도로 인기가 있다. 칭찬도 많이 들었다. 쩜장도 그렇지만 내공을 쌓기 위해 준비한 것이 많은 된장이다.

　나는 보리된장의 메주는 판매하지 않는다. 메주 제작부터 어려워서 공이 많이 들기 때문이다. 최근에 된장학교에 오신 딱 한 분에게 메주를 팔았

을 뿐이다.

　남편은 된장에 관심을 가지고 공부하는 사람들에게 인심을 잘 쓴다. 내가 안 된다고 하니, 남편에게 사정을 말한 듯했다. 남편은 '돈은 이렇게 버는 것이 아니다. 돈은 장사를 해서 벌어야 한다'는 신념을 가지고 있다.

　남편의 신념처럼 나도 메주로 돈 벌 생각이 없다. 공들여 만든 메주를 한번 해보겠다고 사 가지고 갔다가 장 만들기에 실패하면 메주 탓을 하는 사람들을 꽤 보았기 때문이다. 자식 같은 메주가 아까울 뿐이다. 내 손에서 '맛난 장'으로 만들어졌으면 한다.

된장

# 된장
## 담그기

### 소 금 물  만 들 기

　콩을 발효하여 메주를 띄우고, 소금물을 넣으면 저장성을 갖춘 음식으로 변한다. 나는 2년 정도 간수를 뺀 소금을 사용하는데, 간수를 많이 뺄수록 염도가 낮아진다.

　과거에는 소금물을 만들 때 달걀을 주로 사용했다. 그런데 달걀을 사용한 염도 맞추기는 매우 부정확하다. 달걀로 실제 실험을 해보면 소금을 1kg 넣으나 2kg 넣으나 달걀이 떠 있기는 마찬가지다.

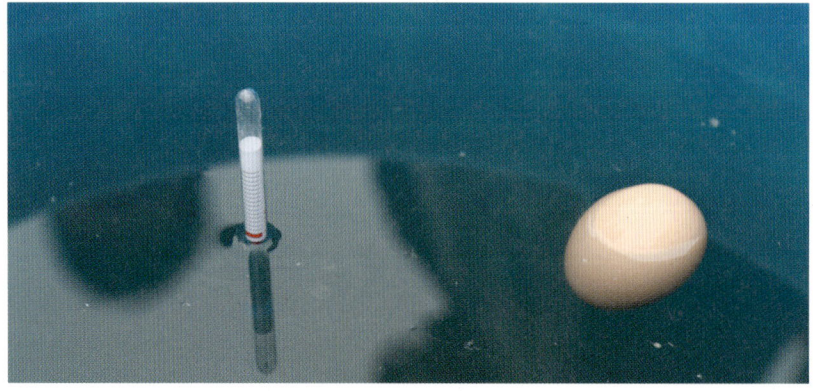

즉, 적당히 농도를 맞춰도, 조금 더 짜게 맞춰도 물에 뜨는 것은 같다. 만약 달걀로 염도를 맞춰야 한다면 싱싱한 달걀을 사용하는 것이 그나마 낫다.

염도계$^{鹽度計}$는 액체용 비중계의 하나로, 소금물의 짠 정도를 가장 정확하게 측정한다. 장 담그기에 알맞은 소금물의 농도는 17보오메다. 하지만 정월장(1~2월)은 17~18보오메, 봄 장(3~4월)은 18~19보오메로 좀 짜게 해야 한다.

간단한 염도 측정을 위해서는 흔히 보메도를 사용한다. 아날로그 측정기인 보메도는 낚시찌처럼 제품이 수면 위로 뜰 때 용액의 수면과 제품이 맞닿는 눈금이 염도다. 보메도의 붉은 선이 16보오메부터 20보오메 사이로, 붉은색으로 칠해진 곳까지 떠오르면 적당한 염도가 된다.

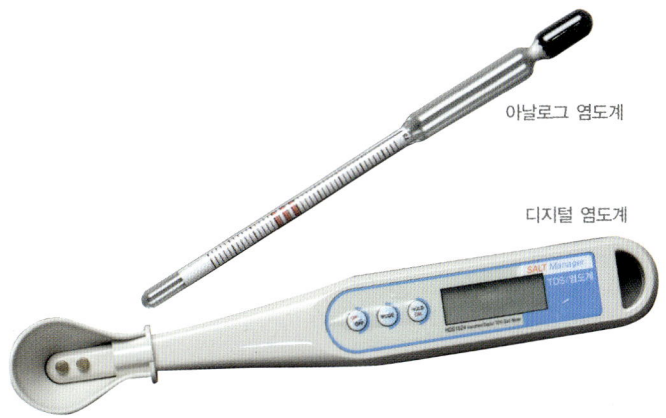

아날로그 염도계

디지털 염도계

염도계는 아날로그 측정기인 보메도와 디지털 측정기로 나눈다.
보메도의 측정 단위는 보오메, 디지털의 측정 단위는 %를 사용한다.

# 된장 담그기

**준비물** (기준 : 콩 1말로 만든 메주)

메주 6덩이, 물 21L, 천일염 4.5∼5kg, 고추, 숯, 대추(선택)


**사전 준비**

(장 담그기 3일 전)

**1.** 옹기를 깨끗이 씻어 말려둔다.

**2.** 깨끗한 소금물을 만든다. 장 담그기 전날, 별도의 용기에 물을 넣고
천일염을 풀어 불순물을 가라앉힌다.
두 번 이상 걸러내면 맑고 깨끗한 소금물이 된다.
이때 경기 북부는 염도 17%, 남부 지방은 18∼19%로 맞춘다.
또 정월 장의 기준이므로 음력 3월 이후에 담글 때는 18∼19%로 맞춘다.

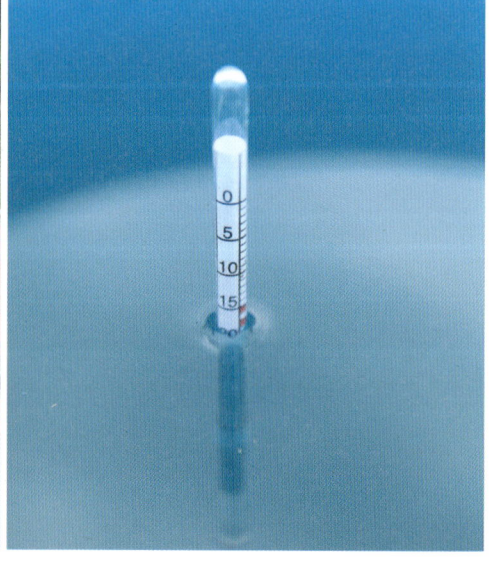

**장 담그기**

**1.** 옹기 바닥에 달군 숯 1개를 넣고 숯 위에 꿀 1수저를 부은 다음
   옹기 뚜껑을 덮고 10분간 소독한다.

**2.** 소독한 옹기(꿀과 숯을 넣은 그대로)에 메주를 차곡차곡 넣는다.

**3.** 메주가 뜨지 못하도록 대나무 막대 등을 이용해서 고정한다.
   대나무 막대는 너비 2∼3cm, 길이는 옹기 지름에 맞추어 잘 휘어지게 만든다.

**4.** 미리 풀어놓은 소금물을 가만히 붓는다.

**5.** 달군 숯(나머지), 마른 고추, 대추를 넣고 유리 뚜껑을 덮어준다.

### 된장 · 간장 가르기

**1.** 50~60일 후 숯과 고추, 대추, 대나무 막대를 건져낸다.

**2.** 메주가 부서지지 않게 조심해서 건진다.

**3.** 메주를 잘 치댄 다음 옹기에 꾹꾹 눌러 담아 6개월 정도 숙성시킨다.

    ＊옹기에 유리 뚜껑이 있으면 망 없이 유리 뚜껑만 덮고 숙성시킨다.

## 보리된장 담그기

보다 특별한 장맛을 원하는 경우 보리쌀로 밥을 한 후
간장과 섞어서 장을 담근다. 감칠맛이 나는 보리된장이 만들어진다.

**재료**

메주 한 말(콩 7kg으로 만든 메주 5~5.5kg)
보리쌀 1kg, 고추씨 가루 300g, 간장 500ml 또는 소금 200g

**1.** 보리밥을 지어 완전히 식힌다.

**2.** 보리밥, 고추씨 가루, 간장을 고루 혼합한다.
(보리밥에 간장이 밸 정도면 된다.)

**3.** 가르기를 한 메주와 혼합한 ②를 섞어 잘 치대 옹기에 꼭꼭 눌러 담은 후
웃소금을 살짝 뿌려 뚜껑을 닫고 2차 숙성을 시킨다.

장독을 정성스럽게 닦고 있는 이순규 필자.

# 옹기
## 관리

옹기는 '숨 쉬는 그릇'이라 한다. 옹기는 소성 과정에서 미세한 숨구멍이 생기는데, 공기는 통과하고 물 분자는 통과하지 않으면서 숨을 쉬는 통기성을 갖추게 된다. 바탕흙이 되는 찰흙에 들어 있던 수많은 모래 알갱이가 그릇 벽에 미세한 공기구멍을 만들어 옹기의 안과 밖으로 공기를 통하게 하는 것이다.

옹기는 방부성이 뛰어나 음식물을 썩지 않게 하면서 오랫동안 숙성시켜 준다. 이에 더해 여름철의 직사광선과 겨울철의 맹추위에도 뛰어난 단열성을 가지고 있다.

자연에 가까운 음식은 자연을 닮은 그릇에 담는다. 사용한 옹기는 2~3일 동안 물을 부어놓음으로써 옹기가 머금었던 염분을 제거한다. 이 과정을 '우린다'고 한다. 2~3일이 지나면 물을 버리고 헹군 다음 햇볕에 말린다. 옹기는 사용하기 전에 깨끗한 면으로 닦고 소독해서 사용한다.

장을 담은 옹기는 매일 닦으면 좋겠지만 힘이 많이 드는 작업이다. 특히 여름에는 뜨거운 햇볕이 반사되어 내 몸이 벌겋게 달아오른다. 매일 닦지는 못하더라도 봄에 황사가 많을 때만큼은 일부러 매일 닦는 게 좋다. 올해 담근 장은 햇볕과 공기를 쐬어준다. 유리 뚜껑을 사용하면 편리하지만, 숙성 기간이 지나면 유리 뚜껑 위에 옹기 뚜껑을 덮는 것이 좋다.

# 전통식품
## 품질인증

전통식품 품질인증은 국내산 농수산물을 주원료로 제조·가공·조리되어 우리 고유의 맛·향·색을 내는 우수한 전통식품에 대하여 정부가 품질을 보증하는 제도다. 생산자에게는 고품질의 제품 생산을 유도하고, 소비자에게는 우수한 품질의 우리 전통식품을 공급하는 데 목적이 있다.

최근 6개월간의 관리 실적을 토대로 공장 심사 평가 항목 10가지를 30개 평가 사항으로 나누어 해당 품목별 표준 규격에 의거해 심사한다. 전통식품 품질인증품은 사후 관리 및 현장 조사가 철저하며, 매년 1회 생산 현장을 방문하여 관리 및 운영 실태를 조사한다. 전통식품으로 인증받으려면 국내산 농산물 품질 기준, 제조 가공 기준, 공정 기준이 (국립농산물 품질관리원) 인증품의 표준규격에 적합해야 한다.

예를 들어 유해 물질이나 화학 조미료의 첨가 여부를 확인하는데, 전통식품은 MSG, 즉 글루타민산나트륨이라는 화학 조미료를 사용하지 못한다. 일반 제품은 MSG를 사용하기 때문에 전통식품으로 인증받을 수 없다.

나는 전통식품이 우리 몸에 맞기 때문에 지금까지 살아남았다고 믿는다. 때문에 깐깐한 절차와 관리를 통해 인증 마크를 획득하고 유지하고 있음에 자부심을 가진다. 그리고 후손한테 올바르게 물려주는 것도 임무라고 생각한다.

　예전에 전통식품전 행사에 초대받은 적이 있었다. 가보니 된장이 담긴 옹기를 개봉하고는 그대로 퍼서 소비자들에게 팔라고 요구했다. 장이 담긴 옹기를 개봉하면 위아래를 잘 섞어서 팔아야 한다. 퍼 담는 방식으로는 양이 일정하지 않아서, 많이 퍼주고 덜어내면 소비자도 기분이 좋지 않다. 이렇게 팔면 나중에 재구매도 되지 않는다. 또 조금씩 덜어서 팔다 남으면 도로 옹기에 넣어야 하고, 가격을 필요 이상 인하해주어야 하는 등 내 방식과는 맞지 않았다.

　장에는 생산자의 정성과 자부심이 담겨 있다. 때문에 생산자가 소중하게 생각하는 만큼 판매자와 소비자도 존중해주면 좋겠다.

된장

## 약성을 함유한 건강 된장

뜰안에된장에는 된장을 주원료로 하고 뽕나무·엄나무·오가피나무를 말린 후 우린 물로 담근 장이 있다. 된장에 특정 재료를 넣어 약성을 살려본 것이다. 성분 검사를 한 것은 아니고 연구하는 중이다. 아직 내놓을 만한 장은 아니지만 먹어보니 맛있다.

엄나무

쩜장과 보리된장을 찾는 지지층이 생기면 그 중에서 뭔가 새로운 것을 찾는 특수한 계층이 생긴다. 이 특수 계층을 위한 된장이 바로 기능성 된장이다. 앞으로는 이런 기능성 된장이 시장에 많이 나올 것이라 예상한다. 기능성 된장은 나만 관심을 가지고 있는 게 아니기 때문이다. 몇 년 전에는 '혈전 용해에 좋은 된장'이라는 주제로 경희대 대학원 연구 과정을 도운 적이 있다.

오가피나무

또 새나 다른 동물의 배설물을 통해 자란 조복산삼으로 된장을 담가보았다. 꿩의 배설물로 키운 산삼을 꾸덕꾸덕 말려서 넣은 조복산삼 된장은 맛도 괜찮았다.

전통이 좋은 쪽으로 발전해나가는 일은 매우 바람직하다. 나는 전통을 지키는 일에도 새로운 것을 시도하고 도입하는 자세가 중요하다 여긴다. 사람들이 "저 된장을 꼭 사고 싶다"고 말할 때는 전통 된장만을 의미하는 것이 아니다. 건강에 좋고 면역력을 증진하며 약성을 높인 새로운 된장도 포함하고 있음을 기억해야 한다.


## 된장차

대두의 '이소플라본'이라는 성분에는 항비만 효과가 있다는 발표가 나왔다. 이후 된장을 이용한 다이어트 상품들이 많이 나왔는데 그중 하나가 된장차다.

뜰안에된장의 된장차는 판매하는 제품은 아니다. 물론 개발도 직접 하지 않았다. 하지만 제품에 대한 연구를 통해 그 어떤 업체의 된장보다도 품질과 맛이 우수하다는 평가를 받았고, 주문자 상표 부착 생산<sup>OEM</sup>을 하고 있다. 된장차는 풀어서 마시면 엷은 된장국 맛이 난다. 냄새도 구수한 차 정도로 순화되어 있다.

## 친정 엄마
### 프로젝트

"이야, 맛있다. 맛있네."

뜰안에된장의 체험 센터에서 쩜장 만들기가 한창 진행 중이다. 여기저기서 장을 만들다 말고 손가락으로 찍어 먹는다. 고개를 끄덕이며 주부들이 감탄을 쉬지 않는다.

친정 엄마 프로젝트는 장을 사 먹거나 나이 드신 부모님께 장을 받아서 먹던 주부들이 모여 장을 담그고, 숙성 기간이 끝나면 가져가는 프로그램이다.

오늘날 주부들은 장을 직접 담가온 세대가 아니다. 혼자서 능숙하게 장을 담그리라고 기대하기보다는 실패할 확률이 더 크다. 주부들 대부분은 '친정 엄마가 담가주실 때 배웠어야 했다'며 후회한다.

나는 그들의 친정 엄마가 되어주면 괜찮겠다는 생각이 들었다. 그래서 프로젝트를 시작하기 전, 뜰안에된장을 찾아오는 사람들에게 "어떻게 오셨어요? 장을 직접 담그실 때 어떤 점이 힘드셨어요?" 등을 물었다.

무엇보다 장을 담그고 싶어 하는 이들이 늘고 있음을 체감하면서 과감하게 블로그를 통해 사람들을 모집했다. 첫해이던 2014년, 80여 명이 모였다. 그다음 해부터는 평균 200여 명이 모였다. 작년에 왔던 사람이 또 오는 경우도 있지만, 장이 맛있다는 소문을 듣고 소개받아 오는 사람도 많다.

양지바른 곳에 옹기를 놓아두고 장을 숙성시켜 가을에 가져가는데, 된장 1말(13kg), 간장 5L가 나온다. 이 정도면 어른 둘과 아이 둘, 네 식구가 2년은 너끈히 먹을 양이다. 때문에 1년에 다 못 먹어서 주변에 나누어주는 가정도 많다.

현재까지 친정 엄마 프로젝트에 다녀간 이들 대부분은 새로 방문하는 분들이다. 지난해 담근 장이 남아서 못 온 분들도 있고, 천안함 사태, 메르스 발병 등으로 집단적인 모임을 회피하는 사회 분위기를 반영하면 정말 많은 사람이 다녀간 프로그램이다.

무엇보다 친정 엄마 프로젝트는 수입이 적었던 시기에 공백을 메워준 프로그램이기도 하다. 경기가 부진해서 체험학교의 방문객이 반토막 난 현실에도 친정 엄마 프로젝트는 여전히 현상을 유지하니 감사할 따름이다.


'한 번 고객이 되면 계속 온다.'


친정 엄마 프로젝트에는 그런 분들이 많다. 시판 된장을 사 먹지 않으니 쉽게 떠나지 못하는 것 같다. 그들은 뜰안에된장을 방문할 때마다 새로운 사람들을 모시고 온다. 결혼한 자녀를 데리고 오는 분도 있다.

그러나 친정 엄마 프로젝트는 오랜 기간 장독을 뜰안에된장에 두어야 하므로 좋은 사업 방식은 아니었다. 처음에는 1인 1옹기로 해달라는 사람도 있었지만, 장소 문제로 받아주지 못했다. 된장의 경우, 1말을 개별로 담그려면 조금 큰 항아리 한 개, 작은 항아리 두 개가 필요하다. 큰 항아리는 간장과 메주가 다 들어가야 하고, 다음에 메주 따로 간장 따로 나누기 때문이다.

뜰안에된장의 옹기 하나에는 평균 6명이 예약한 된장이 들어간다. 6명 분보다 적게 들어가면 옹기 안에 그늘이 생겨서 곰팡이가 피고 맛이 없어진다. 그래서 인원이 부족하면 뜰안에된장 명의로 같이 담가둔다. 요즘은 장 담그는 시기가 지나고 뒤늦게 친정 엄마 프로젝트를 하겠다고 찾아오는 사람들이 있어서 그마저 다 내주었다.

체험객 한 사람을 놓고 가르쳤던 과거를 생각하면, 지금 뜰안에된장 내 1,200여 개 장독 중에서 옹기종기 모여 있는 '친정 엄마 프로젝트' 옹기는 나만의 든든한 지원군이다.

사람은 생각하지 않으면 정지된 느낌을 받는다. '어떻게 활용할까?'를 생각하다 보면 새로운 것이 만들어진다. 2% 부족한 나지만 용기를 내어 시도한 '친정 엄마 프로젝트'. 찾아오는 이들의 발걸음과 웃음 속에서 오늘도 활기찬 기운을 받는다.

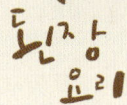 

## • 아삭이고추무침 •

아삭이고추 20개
보리된장 1큰술
깨소금 약간

1. 아삭이고추를 먹기 좋은 크기로 썬다.

2. 보리된장을 넣어 무친 후, 깨소금으로 마무리한다.

---

## • 시래기 된장국 •

멸치 다시마 육수
물 1000ml
멸치 · 다시마 각 15g

보리된장 2큰술
대파 약간
청양고추 2개
(혹은 고춧가루 조금)
보리간장 3큰술
(간을 보면서 넣는다.)

1. 끓는 물에 소금을 조금 넣고 시래기를 데친 다음
   찬물에 헹구고 물기를 꼭 짠다.

2. 멸치 다시마 육수를 만든다. (다시마는 20분 정도 물에 불린다.
   물에 불린 다시마와 다시마 육수에 멸치를 넣고 10분 정도
   팔팔 끓인다. 취향에 따라 디포리, 양파 껍질, 대파 뿌리 등을 넣고
   육수를 끓여도 좋다. 남은 육수는 냉장고에 보관하여 사용한다.)

3. 시래기에 보리된장을 넣고 간이 배도록 조물조물 무친다.

4. 팔팔 끓는 육수 700ml에 간이 밴 시래기를 적당량 넣고
   한소끔 끓인다.

5. 끓어오르면 청양고추, 대파를 넣고 보리간장으로 간을 하여
   한 번 더 끓이면 완성된다. (육수의 재료에 따라 간이 다르니
   추가로 넣는 보리간장의 양을 조절한다.)

아삭이고추무침

시래기된장국

# 고추장

맛　　　　과
쓰임이　달라
임금도　아꼈다

# 우리 밥상을 변화시킨
## 고추

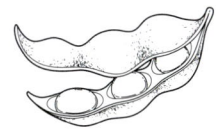

외국에서 오랫동안 생활한 지인이 있었다. 그는 입맛이 없거나 냉장고에 딱히 먹을 만한 음식이 없는 날에는 고추장을 꺼냈단다. 그리고 아무것도 넣지 않은 쌀밥에 고추장 하나만 넣어 비벼 먹는 것이다.

"어떤 산해진미가 부럽지 않아."

나는 그의 말에 충분히 고개를 끄덕인다. 전 세계 어디를 가든 이만한 소스가 없다. 칼칼하고 매우면서 맵지 않은 맛, 매워도 맛있게 매운 맛이 고추장이다.

고추장을 이야기하자면 먼저 고추의 역사를 알아야한다.
고추는 1,960만 년 전에 가짓과<sup>Solanaceae</sup>에서 가지와 분화된 식물로, 새가 전파하면서 진화해서 현재 수백 종이 존재한다. 인간이 살기 전부터 한반도에서 자생한 고추는 캡시컴 아눔<sup>Capsicum annuum</sup> 종이다. 유전자적 독특성으로

보아 수백만 년 전부터 존재했다. 비슷한 종이 만주와 내몽골을 거쳐 헝가리까지 분포되어 있으며, 아주 맵지 않고 단맛이 나는 특징이 있다.

　중남미의 고추는 캡시컴 바카툼<sup>Capsicum baccatum</sup>으로, 매우 맵고 단맛이 거의 없는 것이 특징이다. 유럽에서도 이탈리아 등에는 매운맛이 없는 종을 포함해 몇 종이 존재하며, 아시아와 아프리카에도 수백만 년 전부터 다양한 캡시컴 바카툼, 캡시컴 아늄, 캡시컴 치넨세<sup>Capsicum chinense</sup> 등이 존재했다.

동남아시아·인도 등의 고추는 매우 다양하고 매운맛의 성분도 다양하다. 유전학적으로 분석해보면 우리나라 고추인 캡시컴 아늄과 캡시컴 치넨세가 제일 먼저 나타났고, 이성우(1984년)가 주장하는 아히[째] 등 중남미 고추는 174만 년 전에 등장한 것으로 알려졌다. 따라서 멕시코 고추가 임진왜란 때 우리나라에 들어와 우리 고추로 변했다는 이성우 등 일부의 주장은 자연과학을 모르고 하는 소리다.

콜럼버스가 서인도 제도에서 향신료를 가져갈 때 고추 품종 한두 가지를 스페인에 가져갔다고 알려져 있다. 그러나 오늘날 인도나 동남아시아에서 자라는 고추 수백 종과는 다르다. 유전자 분석 자료에 의하면 한반도에 있는 재래종 고추도 이미 47만 년 전에 두 품종이 자라고 있었다.

《지봉유설[芝峯有設]》(1614년)에는 우리나라 고추[我板] 외에 조그만 왜개자로 불린 남만초(중국인들이 태국이나 인도네시아 고추를 남만초라 부름)가 우리나라에 들어와 술에 타 먹었더니 어찌나 매운지 몇몇 사람이 죽었다는 기록이 있다. 우리나라 고추를 소주에 타서 마시는 풍습이 있었고, 우리나라 고추와는 달리 아주 매운 번초(중국에서 인도 고추를 번초라 함)나 남만초는 소주에 타 먹으면 죽을 수도 있다는 것을 보여준다.

1430년대에 쓰인 《훈몽자회[訓蒙字會]》 등 각종 문헌에는 고추를 뜻하는 한자 '초[板]'와 고추의 옛 한글 표기인 '고쵸'가 명시돼 있고, 그 전의 문헌에도 초가 수없이 나온다. 동시에 김치를 나타내는 저[菹]와 고추장[椒醬]도 1300년도 이전부터 수없이 나온다.

우리나라 고추는 생물학적, 문헌적으로 보아도 적어도 수천 년의 역사를 갖고 있다.

## 고추의
## 매운맛

붉고 푸른 고추를 송송 썰어 잘 끓은 찌개나 탕 위에 넣는다. 뜨거운 요리에 매운 기운이 퍼진다. 매콤한 맛은 담백한 맛을 슬쩍 누르며 입맛을 자극한다. 코끝이 찡하게 울리는 매운맛은 도리어 개운하다.

고추가 매운맛을 내는 것은 캡사이신$^{capsaicin}$이라는 알칼로이드 화합물 ($C_{18}H_{27}NO_3$) 때문이다. 캡사이신은 고추의 과육에 상당량 들어 있지만, 고추씨에 가장 많이 함유돼 있다.

고추가 캡사이신을 만들어내는 것은 자신을 다른 동물이나 식물로부터 보호하고, 동시에 씨를 퍼뜨려 번식을 도모하기 위함이다. 고추의 번식에 도움이 되지 않는 동물에게는 캡사이신이 독이 되고, 도움이 되는 동물에게는 맛있는 먹이가 된다. 고추를 먹은 동물이 이동하는 경로에 따라 씨가 멀리 퍼진다.

그런데 캡사이신의 매운맛은 침샘과 뇌신경을 자극한다. 캡사이신으로 침샘이 자극되면 식욕을 돋우고 위산 분비가 촉진되어 소화력이 좋아진다. 또 매운맛으로 뇌신경이 계속 자극되면 몸은 엔도르핀$^{endorphin}$을 방출한다. 엔도르핀은 몸에서 분비되는 자연산 진통제. 결과적으로 스트레스가 해소된다.

이 외에 캡사이신은 신진대사를 활발하게 하고 혈류량을 증가시키며, 음식의 산패를 막는 동시에 유산균 증식을 돕기도 한다. 비만 예방과 치료에 도움을 주고, 체지방을 줄여주어 다이어트에 좋다는 연구 결과도 있다. 특히 발암 억제 효과도 있는 것으로 밝혀져 항암제로 개발하기 위한 연구가 진행되고 있다.

고추는 영양 면에서도 매우 뛰어나다. 단백질 5.82%, 지방 2.50%, 섬유 1.97%, 가용무질소물(이용 가능한 당류와 전분) 13.48%, 비타민 $B_2$, 엽산 등 우리 몸에 유익한 성분을 많이 함유하고 있다.

과일이 익으면서 색이 변하는 것처럼 고추도 영글면 색이 변한다. 탐스러운 색깔의 빨간 고추는 초록 고추에 비해서 라이코펜lycopene, 카로틴carotene과 같은 항산화 물질을 더 많이 함유하고 있다.

라이코펜은 토마토와 같은 붉은색 과일이나 채소에 많이 포함된 식물성 화학 물질phytochemical이며, 카로틴은 비타민 A의 전구 물질이다. 베타카로틴이 많이 포함된 대표적인 채소로는 당근이 있으며, 당근 특유의 주황색도 카로틴 때문이다.

그 외에도 고추는 비타민 C와 E 등 여러 가지 비타민이 들어 있는데, 비타민 C 함량이 144mg/100g이어서 오렌지(45mg/100g)보다 높다.

우리나라 고추는 크게 개량종과 재래종으로 나눌 수 있다. 고추는 재배지의 환경, 품종 등에 따라 매운맛과 단맛이 달라지기에 고추나 고춧가루를 입맛에 맞게 구입하기가 쉽지 않다.

## 슈퍼 발효 식품
# 고추장

　우리나라 고추장은 콩에서 단백질과 구수한 맛을 얻고 찹쌀, 멥쌀, 보리쌀 등에서 영양분과 단맛을 얻는다. 또 고춧가루에서는 붉은색과 매운맛을 얻어 맛과 영양의 조화가 강조된 발효 식품이다.

　고추장이 기록된 문헌 중 가장 오래된 것은 《향약집성방<sup>鄕藥集成方</sup>》(1433년)과 《식료찬요<sup>食療撰要</sup>》(1460년)로, 위장과 비장이 좋지 않을 때 고추장을 넣고 닭볶음탕이나 꿩볶음탕을 만들어 먹으면 위장과 비장이 좋아지고 몸도 좋아진다는 기록이 있다.

　고추장 제조에 대한 기록은 1600년대 말 이시필이 쓴 《소문사설<sup>謏聞事說</sup>》과, 홍만선이 쓴 《산림경제》(1700년대)에 있다. 고추장의 맛을 좋게 하기 위해 홍합, 대하, 말린 생선, 곤포 등을 첨가한 기록이 있다. 또, 숙종의 기록을 살펴보면 곡창 지대인 순창 지방의 유명한 고추장 담금법이 '순창 고초장 조법'이라 나와 있다. 순창 고추장은 예부터 나라 임금님께 진상했고 전복, 큰 새우, 홍합, 생강 등을 첨가하여 다른 지방과 특이한 방법으로 담갔다.

　이후 1800년대 중엽에 쓰인 《역주방문<sup>曆酒方文</sup>》에는 보리쌀을 섞은 고추장 담금법이, 《규합총서<sup>閨閤叢書</sup>》(1809년)에는 고추장 메주를 따로 만들어 담그는 방법과 소금으로 간을 맞추는 방법 등 현재와 같은 방법이 제시되었다. 더불어 꿀·육포·대추를 섞는 등 다양한 방법이 사용되었다. 시간이 지남에

고추장

따라 점차 고춧가루의 사용량이 늘어나 오늘날과 같은 담금법이 제시되고 있다.

## 편하고 맛있다며 사 먹는 제품용 개량 고추장

고추장은 크게 전통 방식으로 만드는 전통 고추장, 가정에서 담그는 개량 고추장, 공장에서 대량 생산하는 제품용 개량 고추장으로 구분할 수 있다.

전통 고추장과 가정에서 만드는 개량 고추장은 자연에서 발효한 메주를 이용해서 만들고, 제품용 개량 고추장은 종균을 이용해 코지를 만든 다음 대량 생산한다. 코지는 일본에서 발전시킨 일본식 메주라고 볼 수 있다. 때문에 제품용 개량 고추장은 우리의 전통 고추장과는 명백하게 구분할 필요가 있다.

우리 고추장은 원래 가정에서만 제조되었다. 이를 기업적으로 생산하게 된 것은 한국전쟁 때 군대에 납품하면서부터다. 기업에서 고추장을 만드는 데 코지 방식을 사용하기로 한 것은 메주보다 더 빠르게 만들어지고 표준화된 제조법이 있기 때문이다.

현재 우리나라에서는 10명 중 8명이 제품용 개량 고추장을 구입하여 소비한다. 즉, 많은 가정이 고추장을 사 먹고 있다.

제품용 개량 고추장의 시장 점유율이 점점 늘어나는 것은 복잡하게 만들지 않고 간단히 구입하여 편하고 맛있게 먹을 수 있기 때문이다. 또 색상도 예쁘고 먹음직스러워 보이기 때문이다.

제품용 개량 고추장이 맛있다고 평가되는 것은 순수한 우리 고추장보다도 단맛이 강하기 때문이다. 우리 입맛에 잘 맞게 물엿을 많이 넣어 반들반

들하게 윤기가 나고, 단맛 때문에 짠맛도 감춰진다. 사람들은 내 입에 달고 그게 좋다고 생각하면 반복해서 찾아 먹는 습성이 있다. 물엿이 그렇다. 물엿은 영양적 가치가 그다지 없지만 단맛을 부여하기 때문에 기업에서 선호하는 고추장 재료다.

2012년, 한국소비자원은 시중에서 판매되는 개량 고추장 18개 제품의 당 함량을 분석했다. 그 결과 꽤 많은 당이 들어 있는 것으로 나타났다. 조사 대상 18개 제품의 총 당 함량은 제품 총량의 4분의 1 이상인 평균 27%로 나타났고, 이는 대부분 제품 제조 과정에서 첨가되는 물엿이나 정백당에 기인한 것으로 조사되었다.

실제로 KBS 1 「소비자 리포트」(2015. 4.)라는 프로그램에서 제품용 개량 고추장과 전통 고추장의 물엿 양을 계산해보았다. 그 결과 제품용 개량 고추장 3kg에는 물엿이 810g, 전통 고추장 3kg에는 조청이 330g 들어가는 것으로 나타났다. 개량 고추장이 전통 고추장보다 물엿을 2배 이상 사용한다는 것을 보여주었다.

영양학적으로 당류는 우리 몸에 필요한 성분이 맞다. 하지만 과도하게 섭취하면 당뇨병, 비만 등 만성 질환을 유발하는 원인이 된다. 나아가 영양 불균형 심화가 사회 전체에 큰 문제로 제기될 수 있다. 그러므로 개량 고추장에서 당 함량을 낮추는 것이 필요하다고 본다.

## 붉다고 다 고추장인가?

우리 선조들은 붉게 익은 고추가 태양, 불, 영물을 의미한다고 생각했다. 때문에 양색陽色으로 악귀를 쫓는 데 효과가 있다고 해서 금줄에 달기도 했다.

자연 발효된 메주를 가지고 만드는 우리 고추장은 햇볕을 충분히 받으며 숙성 기간을 거치면 맛있고 예쁜 고추장이 된다. 그런데 옹기 뚜껑을 열어보면 검게 변한 붉은색에 표면이 꾸덕꾸덕 말라 있어서 과연 먹을 수 있는지 의심스럽다. 반면 제품용 개량 고추장은 뚜껑을 열면 빨갛고 반질반질한 모습이 들어온다.

　하지만 우리 고추장은 검고 꾸덕꾸덕한 위층을 걷어내면 붉은 색상이 곱기까지 한 자연의 고추장을 만날 수 있다. 제품용 개량 고추장이 빨갛고 반질한 것은 용기에 적힌 함량표시를 들여다보면 진실을 만날 수 있다.

옹기 뚜껑을 들면 검고 꾸덕꾸덕한 고추장이 보인다. 위층을 걷어내면 붉은 고추장이 입맛을 자극한다.

시판 고추장 대부분은 태양초를 강조하며 구입하라고 광고한다. 그렇다면 이들이 광고하는 태양초 고추장이란 '자연에서 말린 고추'로 만든 고추장인가?

많은 소비자들은 제품용 개량 고추장에 들어가는 태양초가 잘 씻어 햇볕에 정성껏 말린 국산이라 생각한다. 그런데 여기에는 중국산 태양초도 포함되어 있어서 조심해야 한다.

우리나라는 고추를 따서 꼭지와 함께 말리기 때문에 색상이 선명하고 꼭지는 노랗게 된다. 하지만 중국산은 뿌리째 수확해서 통째로 말린 후 털어낸다. 고추를 중국식으로 건조하면 크산토필 계통의 빨간색 효소를 끝까지 활성화시켜 붉은색이 진해지지만 곰팡이와 효모 등 미생물이 번식할 우려가 높다.

중국산 고추의 불신은 오래전부터 제기되었다. 2008년 TV 프로 「불만제로」는 건조 과정 중 고추를 더러운 포대에 담거나 밟고 다니는 등 환경이 비위생적이고, 흰 곰팡이가 피어도 그대로 담아 수출한 중국산 고추를 고발하였다. 더구나 한국인이 좋아하는 붉은색을 내기 위해 고추에 색소를 넣는 과정까지 보이니 그 파장은 걷잡을 수 없었다.

메줏가루가 들어가는 우리 전통 고추장은 메주가 발효하면서 점점 검어지는 특성 때문에 검붉은 색이 되기 쉽다. 이런 이유로 '태양초'를 쓴다는 제품용 개량 고추장이 훨씬 몸에 좋다거나 고급스러운 장이라고 할 수는 없다.

그런데 제품용 개량 고추장의 함량을 읽다 보면 특별히 생소한 성분이 있다. '고추양념'이 그것이다. 고추양념은 고춧가루, 소금, 밀가루, 글루타민나트륨, 마늘분, 양파분 등 여러 가지 재료가 들어간 일명 다대기(다진 양념)이다. 고추양념은 고춧가루를 덜 넣고 고추장을 만들 수 있는 장점이 있다. 때문에 전통 고추장에 비해 고춧가루 함량이 적으면서도 더 빨간 색을 내는 고추장을 만든다. '꿩 먹고 알 먹고'를 이럴 때 쓸 수 있다.

고추장은 우리나라 고유의 장으로, 다른 장과는 맛과 쓰임이 다른 음식으로 분류된다. 또 간장이나 된장에 비해 비타민 A, B, C, 엽산, 베타카로틴 등의 함량이 높다. 게다가 고춧가루보다 다이어트 효과가 더 좋다. 왜냐하면 메주가 숙성되면서 생성된 성분이 체지방을 태우기 때문이다.

고추장은 '가장 비싸게 먹히는 장'이라는 인식을 주면서 담그는 양이 적어 아껴 먹었다고 한다. 또 입맛이 까다로운 영조는 고추장을 특별히 아끼며, 수라상에 빠지지 않게 했다고 한다. 그러나 영조가 좋아한 고추장이 오늘날 식탁에 오른 고추장과 같은 방식으로 만들어진 것인지는 각자가 따져 보아야 하겠다.

## 국내산 재료로 건강과 맛을 살리는
## 배고추장

　뜰안에된장의 기본 고추장은 전통 방식을 유지한 개량 고추장의 제조법을 따른다. 전분질의 원료로는 찹쌀을 이용하고, 엿기름과 배청을 넣는 것이 특징이다. 즉 찹쌀과 배청을 재료로 담그는 배고추장이다. 맛을 유지하는 비결은 한결같다. 안전한 먹거리를 위하여 국내산을 고집, 좋은 품질의 재료 선별에 신중을 기한다. 이를 자세히 살펴보면 다음과 같다.

## 고춧가루

　고추장의 맛과 매운 정도는 고춧가루에 따라 달라진다. 고추는 워낙 품종이 다양하므로 고춧가루의 맛을 일정하게 유지하기가 힘들다. 때문에 나는 고춧가루를 매입하는 데도 원칙이 있다.

　첫째, 고추는 한 곳에서 구입한다. 맛있는 고추 구입은 '복불복'이란 말도 있다. 한 농가에서 다루는 고추 품종도 다 같지 않으니, 맛이 좋은지 아닌지는 운에 달려 있다는 말이다.

　그럼에도 한 곳에서 고추를 구입하는 것은 맛을 일정하게 유지하기 위함이다. 구입처를 밝히자면 예전에는 음성농협 청결고추를 쓰다가 지금은

곱게 빻은 고춧가루.

괴산농협 고추를 사용한다.

믿을 만한 곳과 오래 거래하면 매운 정도가 거의 비슷해진다. 사실 매운 맛의 차이는 정확한 검사를 통해 수치를 얻어야 한다. 이것도 하나하나 검사해봐야 정확하다. 거래처 고추의 매운맛이 의심스러울 때 할 수 있는 방법이란 먹어보는 것 정도다. 대충 '이만큼 맵다'로 결정된다. 그래서 거래처를 한번 정하면 바꾸지 않는다.

둘째, 그해에 수확한 고추만 산다. 농산물은 선입선출(먼저 수확한 농산물을 우선 판매한다)을 원칙으로, 한 해 묵은 것을 주는 경우가 가끔 있다. 구매 규모가 크면 다른 곳에서 원자재를 구입하기가 쉽지 않다. 더구나 계약했으니 묵은 농산물을 주면 받지 않을 수도 없고 참 난감하다. 처음부터 잘 따져보는 방법밖에 없지만 씁쓸한 거래로 끝난다.

가정에서 마른 고추를 구입하여 고춧가루를 만들 경우, 빨간 태양초를 선택하여 고추씨를 빼고 매우 곱게 가루를 낸다. 고추장용 고추는 빨갛고 매운맛이 나면서 단맛이 있고 가루가 많이 나는 것이 좋다.

고추장

## 엿기름

남편과 나는 전에 곡물을 판매했다. 처음 엿기름을 구입할 때는 곡물을 사던 경로가 있어서 국산 엿기름으로 믿고 주문했다. 그리고 구입한 엿기름을 소분해서 재판매했다.

그러던 중 구입한 엿기름에 미국산 20%가 섞인 것을 우연히 알게 되었다. 오래 거래했던 곳이니 믿고 국산으로 달라고 했는데 섞인 엿기름을 가져다준 것이다.

그다음부터는 국내산 엿기름이라 해도 믿을 수가 없었다. 참고로 곡물 판매는 신의를 바탕으로 거래된다. 증표나 종이 한 장의 계약도 없이 거래하는 것이 곡물 거래의 자랑이자 원칙이다. 그런데도 국내산이 아닌 것을 받으니 다른 구매처는 더더욱 불안했다.

전통 장에 들어가는 기본 재료를 국산으로 사용하는데 엿기름과 같은 부재료를 수입산으로 쓸 수 없었다. 그래서 국내산 보리를 사다가 싹을 틔워 만들기 시작했다. 보통 엿기름은 늦가을에 보리에 싹을 틔워 준비한다. 잘 비벼 말렸다가 곱게 가루를 낸 후 엿기름물을 만들어 사용한다.

엿기름 만드는 법은 이렇다. 우선 믿을 수 있는 국내산 겉보리를 산다. 겉보리는 쭉정이 없이 잘 골라서 깨끗이 씻고 하루 동안 물에 담가둔다. 잘 불면 물이 빠질 수 있는 자루나 소쿠리에 넣어서 싹을 틔울 준비를 한다. 쌀 담는 마대에 넣어서 길러도 매우 편하다.

날마다 서너 번 물을 주면 보통 이틀이나 사흘째에 뿌리가 나오기 시작한다. 나흘 정도 지나면 뿌리가 희끗희끗하게 보인다. 보리 뿌리가 나오기 시작하면 엉키기 쉬운데, 그럴 경우 물을 주면서 엉킨 뿌리를 풀어주어야 한다. 그러지 않으면 상할 수 있으니, 정성으로 잘 만지면서 풀어준다.

뿌리가 자라는 동안 싹이 트기 시작한다. 보리 싹이 손가락 반 마디 정도로 자랄 때까지 키운다. 이 정도로 자라면 잘 헤쳐놓고 말리기 시작한다.

뜰안에된장에서 엿기름을 한창 말리고 있다. 말릴 때는 싹을 손바닥으로 잘 비벼 헤쳐놓아야 한다.

이때는 손바닥으로 잘 비벼 헤치면서 말려야 한다. 이렇게 말린 것이 엿기름이다. 뜰안에된장에서는 배고추장, 조청, 식혜를 만들 때 사용한다.

일반적으로 엿기름은 늦가을에 기온이 낮을 때 기르는 것이 가장 질이 좋다. 여름에 만들면 기온이 높아서 싹이 더 빨리 나온다. 싹이 손가락 마디만큼(2cm 이상) 자라면 말리기 시작해서 저온 저장고에 하룻밤을 두고 낮에는 햇볕을 쬔다.

요즘 뜰안에된장 엿기름이 잘나간다. 남양주시 1호 로컬푸드 직매장인 진접농협에 입점한 후 인기 품목으로 올라섰다. 예상하지 못한 판매에 재고가 바닥나면서 더운 여름에도 엿기름을 만들게 되었다.

간혹 여름에 엿기름물을 만들면 상할까 봐 걱정하는 사람이 있다. 이럴 경우 엿기름물을 많이 졸이면 괜찮다. 일반적으로 엿기름물의 양이 많으면 장이 묽어지고, 곡물의 양이 많으면 뻑뻑해진다.


## 엿 기 름 물   만 들 기

**재료**

엿기름 가루 1.2kg, 물 10L, 깨끗한 자루
(고춧가루 3kg을 기준으로 엿기름물을 만드는 과정이다.)


**1.** 준비한 엿기름 가루를 거친 자루(깨끗한 양파 자루나 한복 속치맛감처럼 깔깔한 원단으로 만든 자루)에 넣는다.

**2.** 준비한 물을 엿기름 가루가 자작하게 잠기도록 붓는다.
단, 물 10L를 3~4회 나누어 사용할 예정이니 적당히 붓는다.

3. 물을 넣은 엿기름 자루를 4~5시간 불린다.

4. 엿기름 자루를 빨듯이 비벼주어 색이 진해지면 엿기름물을 덜어내어 모아둔다.

5. 다시 물을 붓고 빨듯이 비벼준다. 서너 번 반복하여 엿기름물을 모은다.

## 조청

나는 장을 만들 때 고추를 제외한 나머지는 직접 만든다. 엿기름도 통보리를 사다가 싹을 틔워 만드니 조청이야 말할 것도 없다. 사실 이런 것까지 직접 하려면 매우 힘이 든다. 돈 주고 구입하면 금방인 일을 어렵게 하는 것이다.

주변 사람들은 이런 일 때문에 과정 하나하나가 힘들고 피곤하지는 않은지 걱정한다. 물론 힘들다. 농민과 거래처들이 사명감을 가지고 책임진다면 괜찮지만, 불행하게도 현실은 그렇지 못하다.

그래서 해마다 조청을 직접 만들어두면 마음이 편하다. 조청은 쉽게 말해 식혜를 졸인 것이다. 식혜를 해서 밥을 건져내고 그 물을 졸이면 조청이 된다. 식혜는 설탕을 넣어 맛을 내는데, 조청은 설탕을 넣지 않고 식혜를 만든 뒤 계속해서 졸이면 된다.

조청을 더 많이 졸이면 엿이 된다. 조청을 실온에 보관하면 부글부글 끓어 넘치는 현상이 일어나기도 한다. 때문에 가정에서는 냉장고에 보관한다.

## 조청 만들기

**재료**  엿기름 500g, 쌀 5kg

1. 엿기름 가루를 우려내어 엿기름물을 준비한다.

2. 밥을 한다. 준비한 엿기름물을 넣어 밥을 고루 젓는다.
   밥물이 60℃ 정도가 되면 뚜껑을 닫고 삭힌다.
   삭히는 온도는 전기밥솥 보온 온도와 비슷해서 60℃ 정도다.
   6~7시간이 지나면 식혜 냄새가 나면서 밥알이 삭는데,
   맑은 물이 위로 올라오고 밥알이 뜬다. 삭힌 밥알은 건져서 짜고 버린다.

3. 남은 물을 오래 졸인다. 이때 바닥에 눕지 않도록 주걱으로 계속 저어준다.

4. 주걱을 들었을 때 졸인 액이 끈기를 가지며 똑똑 떨어지면 조청이 된 것이다.

## 찹쌀가루

어려서 고추장 만드는 과정을 본 적이 있다. 어머니는 찹쌀가루를 구멍 뚫린 도넛처럼 납작하게 빚은 다음 끓는 물에 넣어 익혔다. 그런 다음 이것을 풀고 고춧가루, 메줏가루, 소금을 넣어 잘 섞어 고추장을 만들었다. 그런데 이 도넛 형태의 찹쌀이 풀기가 힘들었다.

이것은 전통 고추장을 만드는 방법이고, 개량 고추장은 다르다. 찹쌀가루를 엿기름물에 섞어 삭힌 후 그 물을 80% 정도 남을 때까지 졸이고, 식으면 조청, 고춧가루, 메줏가루 등을 넣어 혼합하면 된다.

찹쌀가루는 찹쌀을 씻고 3~4시간 이상 물에 담가서 불렸다가 그대로 빻아 만든다. 양이 적으면 믹서에 갈아도 되지만, 곱게 갈려면 방앗간을 이용하는 것이 좋다.

# 배청(배 발효액)

나는 봄부터 가을까지 농장 주변에서 구할 수 있는 여러 가지 식재료를 이용해서 발효액을 만든다. 냉이, 개똥쑥, 흰 민들레, 초석잠, 생강나무 꽃, 생강나무 잎, 상추, 비트, 배, 수세미 등 재료도 다양하다.

배청은 뜰안에된장에서 가장 많이 쓰는 발효액으로, 쩜짜장, 고추장 등 곳곳에 쓰인다. 배는 뜰안에된장이 소재한 남양주 특산품인 먹골배다. 이곳에서 가장 싱싱하고 당도 좋은 배를 가져와 담근다. 배청은 안전한 원재료를 사용하여 만들기에 고추장 품질을 향상시키고, 먹골배 소비를 촉진하는 일석이조 효과를 꾀하고 있다.

내 경험으로 양파청은 김치에 사용하면 좋고, 봄에 산과 들에서 채취한 산야초청은 자연이 주는 음료수와 같아서 희석해서 수시로 마셔도 몸에 부담이 없다.

## 배 청 만 들 기

**재료**   배, 설탕

1. 배를 깨끗이 씻어 껍질을 벗긴 후 세로로 8등분하여 씨방을 제거한다.
   수분이 잘 나오도록 가로로 잘게 잘라주어도 좋다.

2. 설탕은 배의 무게보다 1kg 많이 준비한다.

3. 잘라낸 배를 그릇에 담고 준비한 설탕의 반을 넣어 섞는다.
   수분이 많아 섞는 사이 설탕이 녹는다.

4. 잘 섞인 배를 병 혹은 옹기에 담는다.
   남긴 설탕을 그 위에 쏟은 후 뚜껑을 덮어 6개월 이상 숙성시킨다.

배고추장 재료 (찹쌀가루, 엿기름물, 메줏가루, 고춧가루, 천일염, 배청, 조청)

# 배고추장 담그기

**재료**

고춧가루 3kg, 메줏가루 1.2kg, 찹쌀 1.6kg, 엿기름 1.2kg,
천일염 1.5kg, 물 10L, 조청 2kg, 배청 2kg

## 사전 준비

장 담그기 3일 전에 옹기를 깨끗이 씻어 말린다.

## 장 담그기

**1.** 찹쌀을 3~4시간 물에 불린 다음 곱게 빻는다.

**2.** 엿기름물을 만들어 솥에 붓고, 찹쌀가루를 넣어 잘 풀어준다.

**3.** 가열해서 70~80℃를 유지하면서 찹쌀가루가 삭을 때까지 2~3시간 둔다.
찹쌀가루가 삭으면 80% 정도 남을 때까지 졸인 뒤 조청을 넣어 섞는다.

**4.** ③을 완전히 식힌다.

**5.** ④에 메줏가루, 고춧가루, 천일염, 배청을 넣고 섞는다.
이때 농도와 간을 보면서 배청과 천일염을 추가한다.

**6.** 하루가 지나면 다시 저어서 소금이 녹은 후의 간과 농도를 확인한다.
맞지 않으면 천일염과 배청을 이용해 맞춘다.

**7.** 간과 농도를 잘 맞춘 고추장을 소독한 옹기에 넣는다.
이때 옹기의 80% 정도를 채운다.
햇볕이 잘 들고 바람이 잘 통하는 곳에 두고 유리 뚜껑을 덮어 해바라기를 해준다.

**8.** 6개월 동안 숙성시킨다.

## 숙성 기간 7일
### 쩜장고추장

어려서 나는 그리 부지런한 사람이 아니었다. 시골에서 자란 나는 늦잠을 자기 일쑤였고, 자는 나를 어머니가 부르면 벌떡 일어나지도 못했다.

"왜요?"

내가 잠자리에 누워서 대답하면 어머니는 한숨을 내쉬었다.

그렇게 게을렀던 나를 부지런하게 만든 것은 삶이었다. 다행히 천성이 적극적인 편이었다. 일단 맘먹고 시작하면 쉬지 않고 열심히 하루를 보냈다.

나는 확실치 않으면 일을 시작하지 않았고, 한번 하겠다고 마음먹으면 꼭 지키려고 했다. 무모한 일이라도 내가 좋아하는 일이면 지치지 않고 부지런히 도전했다. 남편도 성격이 나와 비슷하다. 결혼 후 장 만들기를 시도할 때 이런저런 의견을 내며 도와주었다.

그 결과물 중의 하나가 '쩜장고추장(보배고추장)'이다.

보통 전통 고추장은 엿기름물에 찹쌀가루를 삭힌 후, 메줏가루와 고춧가루, 천일염, 조청 등을 넣어 잘 섞고 옹기에서 6개월 정도 숙성시켜 먹는다.

전통 고추장이 시간과 제조 과정이 많이 들어간다면, 쩜장고추장은 그보다 만들기 쉽고 시대에 맞게 달달함을 가미했다. 물론 인공적인 감미료나

138

당류를 넣은 것은 아니다. 시중에서 판매하는 고추장의 맛을 내면서도 국내산 재료 100%를 가지고 발효·숙성 과정을 제대로 거친 개량 고추장이다. 나는 이 고추장을 '쩜장고추장'이라 부른다. 쩜장고추장은 숙성된 쩜장을 넣어 만드는 고추장이다. 사람들은 내게 묻는다.

"된장으로도 고추장을 만들 수 있나요?"

쩜장고추장은 뜰안에된장에서 장 체험을 하는 이들이 많이 배우고 선물로도 사 가는 고추장이다. 메줏가루 대신 발효된 된장인 쩜장을 넣어서 고추장을 만들면 발효시키는 시간이 단축되며, 만든 후 숙성 기간을 두면 더 맛있지만 바로 먹어도 좋은 즉석 고추장이다.

만드는 재료는 쩜장, 고춧가루, 소금, 조청, 졸인 매실이며, 일정 비율을 잘 섞어주면 된다. 전통 고추장에는 물엿을 넣지 않는다. 장을 만들어 파는 입장에서 단맛의 중독성을 모르는 바는 아니나, 조금 더 팔자고 물엿을 넣을 수 없다.

반면 고추장에 들어가는 조청은 쌀을 분해해서 만든 천연 감미료다. 엿기름에서 나오는 효소들이 고추장의 감칠맛과 단맛을 유지·지속시키는 역할을 한다.

고추장

쩜장고추장을 먹어본 사람들은 어릴 때 항아리에서 찍어 먹던 고추장 맛이 난다고 한다. 시간이 부족한 현대인들에게도 고추장의 추억은 뇌 속 어딘가에 맛으로 저장되어 있다. 나는 같은 음식이라도 모양새나 원재료의 작은 변화만으로도 맛이 달라진다는 사실을 항상 기억한다.

쩜장고추장은 작은 것을 바꿔가며 뜰안동 옹기 뜰에서 찾아낸 고추장이다. 전통을 지켜나가지만 현대에 맞춰 조금씩 바꿔가는 것이 나의 몫이 아닌가 한다.

## 쩜장고추장 담그기

**재료**

(쩜장고추장 1.5kg 제조)
쩜장 250g, 고춧가루 200g, 조청 550g, 졸인 매실 400g, 소금(천일염) 100g

**사전 준비**

**1.** 장 담그기 3일 전 옹기를 깨끗이 씻어 말린다.

**2.** 매실과 설탕을 1:1.1 비율로 매실청을 담근다. 100일 후 담근 매실청에서 매실과 매실액을 분리한다. 분리한 매실에 매실의 양보다 조금 많은(자작하게) 물을 붓고 그대로 끓인다. 끓기 시작하면 중불로 줄이고 가끔 저어준다. 푹 물러서 씨와 살이 분리될 정도가 되면 불을 끄고 씨와 살을 분리한다. 씨는 제거하고 남은 매실 살을 간 다음 설탕을 조금 넣고 저어주면서 졸인다. 일반 잼보다는 조금 묽게 만든다. 졸인 매실이 없으면 양파나 사과, 배 등 향이 없고 씨가 커서 제거가 쉬운 과일로 만든 잼을 사용해도 좋다. 쓰고 남은 졸인 매실은 냉동 보관한다.

## 장 담그기

1. 졸인 매실과 조청을 미리 섞어둔다.

2. 쩜장과 고춧가루, 소금을 준비한다.

3. ①과 ②를 섞는다. 고추장이 윤기가 나도록 잘 저어준다.

4. 쩜장고추장은 옹기에 담을 필요가 없이 용기에 담아 냉장 보관하고
   7일 후부터 먹으면 된다.

## 나만의 고추장
## 즐기기

　전통 방식으로 담그는 고추장은 사용하는 재료에 따라서 찹쌀고추장, 보리고추장, 마늘고추장 등 불리는 이름이 각양각색이다. 가정에서도 재료에 변화를 주어 색다른 고추장을 만들 수 있다.

　과일 고추장은 작은 씨가 없는 과일에 한해서 고추장 재료와 섞어 제조할 수 있다. 특히 배, 사과, 홍시 등이 좋다. 과일에 설탕을 넣어 발효시킨 과일청이 있으면 좋지만, 설탕을 넣고 졸여서 잼처럼 만든 것도 고추장 만들기에 응용할 수 있다. 같은 방법으로 양파고추장은 양파에 설탕을 넣고 졸인 양파잼으로도 만들 수 있다.

　오미자를 이용한 고추장은 오미자를 달여서 섞어도 좋고, 찹쌀가루에 엿기름물을 넣고 삭힐 때 같이 넣어도 괜찮다. 마늘고추장은 생마늘을 갈아서 넣어도 되지만, 마늘을 가정용 건조기에 말린 다음 아주 곱게 가루를 내서 첨가하는 것이 좋다.

　이처럼 개량 고추장은 재료를 다루는 방법만 정확히 알면 얼마든지 나만의 고추장을 만들 수 있다.

## 고추장
### 숙성 및 보관

　고추장을 잘 보관하려면 먼저 옹기 관리에 힘써야 한다. 옹기 주변을 깨끗이 손질하고, 고추장 위에 웃소금을 뿌려주는 것도 좋다. 또 옹기 주둥이를 완전히 밀폐하는 것이 가장 좋으나, 햇볕을 봐야 하므로 유리 뚜껑을 덮어주는 것이 바람직하다.

　간혹 고추장이 끓어오르거나 흰 곰팡이가 피는 경우가 있는데 이는 끓일 때 오래 잘 달이지 않았거나 간이 싱거울 때, 혹은 보관상 부주의로 빗물이 들어갔을 때 발생한다. 만약 흰 곰팡이가 생겼다면 일정 부분 걷어내고 그 위에 소금을 뿌리거나 마른 김을 덮은 후 햇볕을 충분히 보게 한다.

고추장

**우리 고추장**
체험 교육

　뜰안에된장에서는 인근 유치원, 어린이집, 초등학교, 중고등학교 등에서 요청이 들어오는 대로 '우리 고추장 체험 교육'을 실시한다. 몸에 좋은 장을 가르침으로써 우리나라의 전통 발효 식품을 알리겠다는 취지에서 시작한 것이다.

　그러던 어느 날, 서울시 강북구 학부모회에서 체험 학습을 알아보고자 방문했다. 학부모회 어머니들은 전국을 다니며 이것저것 알아보았다고 했다. 뜰안에된장을 둘러보고는 학부모 120여 명을 모시고 와서 고추장 체험을 했다. 그리고 놀랍게도 학교로 돌아가 학생 8,000여 명을 상대로 고추장을 가르쳤다. 엄마들이 먼저 배우고 나서 학교에서 학생들에게 전달하는 방식이다.

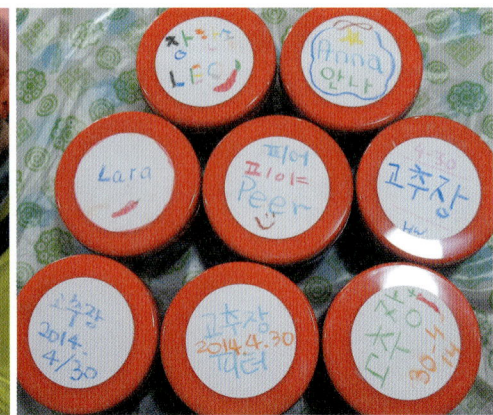

144

쩜장고추장은 숙성 기간이 길지 않기 때문에 고추장 체험을 하기에 좋다. 나는 미래의 주역들이 전통식품을 배우고 익혀서 건강한 밥상을 지키는 일이 매우 중요하다고 여긴다.

특히 드림스타트 사업에 뜻을 같이하여 아이들에게 고추장 체험 교육을 하던 날, 내가 전통 장의 재능을 가진 것이 정말 감사하다고 생각했다.

아이들이 오면 체험 교육장이 북적거린다. 농장에 열린 토마토나 앵두를 따 먹고, 잠자리·나비 등의 곤충과 들꽃을 티 없이 감상한다. 고사리 같은 손으로 고추장 재료를 섞으며, 우리 된장이 고추장뿐 아니라 짜장 소스가 될 수 있고 맛도 좋다는 사실에 즐거운 한나절을 보낸다.

오늘 체험하면서 맛본 고추장과 된장이 어른이 되어서도 고향의 맛이자 자연의 약으로 간직되기를 바라면서 내일의 체험학교를 준비한다.

**인터뷰**

**보리수가 익어가는 마당에서
쩜장고추장 체험까지, 정말 즐거웠어요**

큰빛 어린이집
원장 **김영미**

어린이집을 운영하면 아이들의 놀거리, 먹거리, 배울 거리에 관심을 가지고 보게 된다. 특히 봄과 가을에는 아이들을 데리고 안전하게 다녀올 체험학교를 뒤적이게 된다. 남양주 교육 회원들로부터 전통 장 체험이 좋다는 말을 전부터 듣다가 뜰안에된장을 직접 방문했다.
마음씨 좋은 이순규 대표님을 만나고, 체험장과 체험 내용을 둘러보면서 소문이 괜한 이야기가 아니라는 생각이 들었다.
아이가 4살이면 엄마도 4살이라는 말이 있다. 아이들을 키우느라 지친 엄마들에게 배움이 되고, 아이들도 안전하고 맛난 음식을 먹을 수 있다는 생각에 토요일 체험학교를 신청했다.
뽀로로가 나와서 메주를 만들고 된장을 담그는 만화를 보며 큰빛 어린이집 아이들은 진지해졌고, 엄마 혹은 아빠와 함께 고추장을 만들었다.
무엇보다 캐러멜 색소가 들어가지 않은 쩜짜장 점심을 모두가 행복하게 즐겼다.
다음에 또 오고 싶은 체험학교라 여기며 감사하단 말을 전해본다.

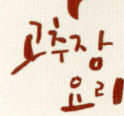

고추장
요리

# · 오징어볶음 ·

오징어 2마리
양파 1개
당근 1/4개
대파
고추
깨소금
참기름


양념장
쩜장고추장 2큰술
고춧가루 2큰술
후춧가루
마늘 1큰술

1. 깨끗이 씻은 오징어에 칼집을 넣고 먹기 좋게 썬다.

2. 레시피대로 양념장을 만든다.

3. 양파와 당근을 채 썬 다음, 팬에 기름을 두르고 살짝 볶는다.

4. ③에 오징어와 양념장을 넣고 볶는다.

5. 대파, 고추, 깨소금, 참기름을 넣고 한번 섞듯이 볶아낸다.

# 떡 꼬치

떡 1봉지

소스
배고추장 1큰술
고춧가루 1큰술
보리간장 1/2큰술
조청 2큰술
케첩 1큰술
물 1큰술
다진 마늘 1/2큰술

1. 소스를 배합하여 한소끔 끓인다.

2. 꼬치에 떡을 끼워 기름에 튀긴다.

3. ②에 소스를 골고루 바른다.

五

# 간장

기꺼이 나누어
지켜내야 할
전통 장

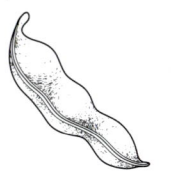

# 메주의 발효성에
## 소금의 저장성을 높이다

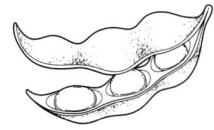

　예로부터 우리나라는 장 담그는 일을 집안의 중요한 행사로 여겼다. 이에 메주 만들기·메주 띄우기·장 가르기 등의 행사가 초겨울부터 이듬해 초여름까지 분주하게 이어졌다.

　장맛은 그 집의 음식 솜씨를 가늠하므로, 장을 다룰 때는 길일을 선택하고 부정을 금했으며, 발효나 저장, 숙성 기간에도 세심한 주의를 기울여 관리했다. 《규합총서》에서 잠시 그 내용을 살펴보면 다음과 같다.

　"삼복일이나 해 돋기 전에 또는 그믐날 얼굴을 북으로 두고 장을 담그거나 장독의 태세 방향太歲 方向(그해의 간지 방향)으로 두면 벌레가 안 생긴다고 했다. 또한 여름에 비가 그친 직후의 우물물은 쓰지 말고, 장 담그고 세이레(삼칠일) 안에는 아기 낳은 곳과 초상난 집에 가지 말고, 낯선 잡인을 가까이하지 말라 했다. 하루에 두 번씩 냉수로 장독을 깨끗이 씻으라고 했다."

　간장은 소금의 짠맛을 뜻하는 '간'과 한자어 '장'이 결합되어 만들어진

단어다. 고구려 고분인 안악삼호분<sup>安岳三號墳</sup>의 벽화에 장독대가 보이고, 《삼국사기》에는 683년(신문왕 3)에 왕비 맞을 때의 폐백 품목으로 간장과 된장이 기록된 것을 보면 삼국 시대에 이미 장류가 쓰였음을 알 수 있다.

　《증보산림경제》에 수록된 장 담그는 법을 보면 "메주 한 말, 소금 여섯 내지 일곱 되, 물 한 통으로 하되 가을·겨울 간에는 이보다 적게 하고, 늦은 봄에는 이보다 많이 한다. 메주는 잘 띄워서 다시 소금물에 깨끗하게 씻어서 쓰고, 항아리에 먼저 대나무로 겅그레를 만들어 그 위에 메주를 얹어놓고 끓여 식힌 소금물을 붓는다"라고 했다.

　간장은 고문헌인 《규합총서》에는 '지령'으로 쓰여 있고 서울말로 '지럼'이라 했지만 어원은 밝혀진 바 없다. 그러다가 16세기 문헌인 《훈몽자회<sup>訓蒙字會</sup>》(1527년)에서 고어<sup>古語</sup>인 '간쟝'으로 쓰였고, 19세기에는 '쟝'이 단모음화되면서 오늘날의 '간장'으로 표기되었다.

# 간장의
## 분류

우리나라의 식품 공전(Korean Food Standards Codex)에서는 간장의 종류를 한
식간장·양조간장·혼합간장·산분해간장·효소분해간장의 5가지로 분류하
고, 한식간장은 다시 재래식 한식간장과 개량식 한식간장으로 구분한다. 원
료에 따라서는 전통간장(조선간장)·일본식 간장(양조간장·화학간장·혼합간장)·어
간장이 있다.

실생활에서는 간장을 재래식간장·양조간
장·혼합간장·산분해간장의 4가지로 분류한
다. 우선 재래식간장은 한식간장·조선간
장·국간장이라고도 한다. 이는 전통 메주를
소금물에 담가 1차 발효시킨 후 된장을
분리하고, 옹기에서 2차 숙성시켜 완
성되는 간장을 말한다. 혈관에 있는
불순물을 제거해주고, 염분과 아미노
산 및 단백질을 공급해주는 등 인체에
유익하다.

전통
간장

화학
간장
(산분해간장)

혼합
간장

양조
간장

양조간장은 1970년대 한국 사업가들이 일본 기꼬만 간장 공장에서 배워온 대량 속성 생산 간장이다. 대두나 탈지 대두, 밀 등에 종균을 접목한 뒤 속성 발효시켜 간장을 내며, 이때 된장은 나오지 않는다. 전통적인 양조간장은 황국균을 따로 배양해서 숙성을 거쳐 제조한다. 독특한 맛과 향으로 회 요리나 소스에 어울리는데, 시중에서 파는 양조간장은 대두나 탈지 대두, 밀 등을 이용해서 발효 시간을 줄여 1개월 안으로 만들 수 있는, 조미료가 첨가된 간장이다.

산분해간장은 화학간장 혹은 아미노산간장이라 부른다. 탈지 대두를 염산으로 가수분해하고 수산화나트륨(NaOH)이나 탄산나트륨($Na_2CO_3$) 등으로 중화해서 아미노산을 얻는다. 여기에 소금, 착색제(보통 캐러멜 색소), 조미료, 향미 물질 등을 배합하여 만든다.

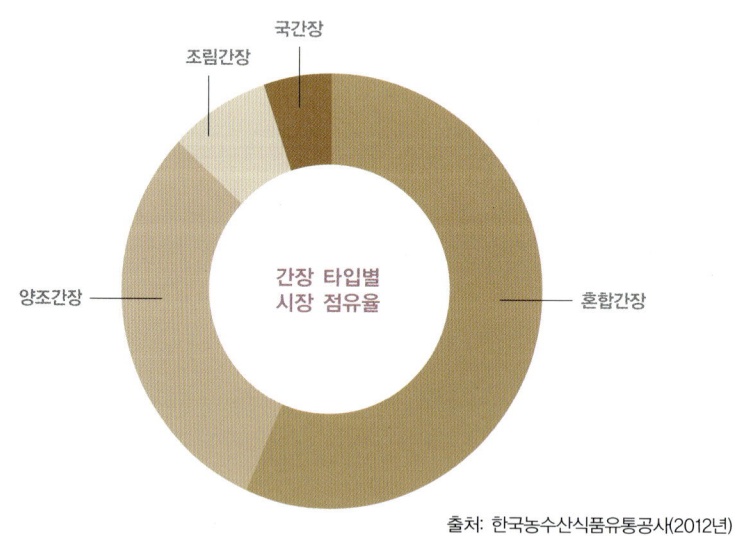

출처: 한국농수산식품유통공사(2012년)

한마디로 발효 대신 염산으로 녹이고 양잿물로 중화해서 만드는 것이 산분해간장이다. 염산을 이용하기 때문에 강한 악취가 나는 것이 특징인데, 냄새를 감추기 위해 다양한 착향료가 사용되며, 4시간이면 완성되어 감칠맛이 나기 때문에 소비자의 입맛에 맞는다. 일반 마트에서는 판매하지 않지만, 가격이 저렴해서 음식점에서 유통되고 있다고 한다.

산분해간장에는 인체에 해로운 모노클로로프로판디올(3-MCPD)과 디클로로프로판(DCP)이 포함되어 있으며, 제조 과정에서 식용으로 사용할 수 있는지 검증되지 않은 레볼린산과 화학염이 만들어진다. 외국에서는 모노클로로프로판디올과 디클로로프로판의 발암 가능성, 정자 수와 기능 감소, 유전 독성 때문에 사용을 규제하고 있다. 우리나라는 식품 법규상 양조간장이 1%라도 들어가면 혼합간장으로 분류한다. 일반 간장을 10%, 산분해간장을 90% 섞어도 혼합간장으로 분류해서 판매한다.

혼합간장은 산분해간장과 양조간장을 적당한 비율로 혼합하여 만든 간장으로, 혼합 비율은 5:5 혹은 6:4가 일반적이지만 산분해간장의 비율이 7:3 정도로 높은 경우도 있다. 최근 양조간장에 밀려 소비량이 줄어드는 추세지만 마트에서 쉽게 구할 수 있으니, 성분표시를 확인하는 것이 가장 좋다.

# 1%의 발견과
## 99%의 노력

나는 슬로푸드 매니저 교육을 통해, 화학 첨가제를 먹지 말고 사용하지도 말아야 한다는 각오를 가졌다. 특히 화학간장과 혼합간장이 그렇다. 전통적인 방법의 양조간장은 그나마 낫다. 하지만 탈지 대두를 사용하기 때문에 마트에서 1+1 판매하는 간장이 반갑지 않다.

'사람이 먹으라고 만든 건데 비슷하지 않을까? 뭔가 좋은 것이 조금이라도 있지 않을까?'

간장에 대해 알게 되면서 나는 된장에 넣은 장아찌를 서둘러 연구하게 되었다. 그 결과 된장 장아찌를 내놓게 되었다. 뜰안에된장에서 판매하는 비트, 배, 박 등의 장아찌들이 그것이다.

'약식동원藥食同源'이라는 말이 있다. 음식은 약과 근본이 같다는 뜻이다. 우리 음식의 기본 골격이다. 우리나라의 전통식품은 세계 어느 나라의 음식보다 이상적인 구조를 가지고 있다.

어떤 이는 'MSG가 인류 역사상 가장 잘 만들어진 식품이다'라고 말한다. 내가 전통식품 품질인증을 받을 때 모 박사가 한 말이다. 그분은 소량만 사용해서 음식의 부족한 맛을 채우면 될 일을 과용하여 문제라고 했다.

음식점 대부분에서는 MSG를 넣어서 맛을 낸다. 재료가 좋지 않아도 맛은 MSG가 낸다. 그래서 문제다. 사람들에게는 "미원 안 써요. 미원이 안 팔려서 동남아로 수출한대요"라고 말한다. 요즘 미원 안 쓴다. 대신 포장만 바꾼, 맛을 내는 조미료를 사용한다.

화학 물질이나 방부제를 전혀 안 넣으면 음식 다루기가 쉽지 않다. 실온에서 보관하는 조청은 온도가 안 맞으면 부글부글 끓고, 장도 마찬가지다. 그러니 화학 물질이나 방부제가 안 들어가면 팔 수가 없다.

맛도 그렇다. 입맛이 예민한 남편은 예전에 된장은 아무거나 먹지 않으면서, 간장만큼은 재래식간장 대신 양조간장을 잘 먹었다. 파, 마늘 등을 넣고 비벼 먹는 남편에게 이유를 물었다. 그랬더니 '재래식간장을 먹으면 퀴퀴한 냄새가 나서 싫다'는 것이다. 시판 간장의 문제점을 모르지 않는데도 석연치 않은 이유를 드는 것을 보며, 재래식간장의 문제점을 개선해야겠다는 생각이 들었다.

재래식간장의 또 다른 문제점은 높은 염도에 있다. 가정집의 재래식간장은 보관 및 숙성 중 부패를 우려해서 염도가 더 강할 수 있다. 때문에 양조간장의 달착지근한 맛과는 사뭇 다르다. 그러니 아무리 몸에 좋다 한들 한계가 있다.

찜장을 담근 어느 해인가, 찜장을 담은 옹기 안쪽에 물기가 있었다. 찜장이 묽게 담가져서 물이 생긴 것이다. 살짝 찍어 맛을 보니 달콤한 맛이 양조간장 같았다. 그래서 그해 간장을 담글 때 시험 삼아 보리밥을 넣어보았다. '보리간장'이 그렇게 나왔다.

주변 사람들은 맛있다며 내게 응원의 박수를 쳐주었다. 하지만 처음부터 제대로 만들어진 것은 아니다.

시범 첫해, 나는 간장을 담그기 위한 메주를 만들었다. 찜장을 만드는 비율대로 보리밥을 넣어 메주를 만들어 띄우고, 남은 과정은 재래식간장과 똑같이 하려고 했다. 그러나 메주가 잘 띄워지지 않았다. 보리밥을 넣어 발효 조건에 문제가 생긴 듯했다.

그래서 다음 해 대두만 넣은 메주를 띄우고, 보리만 따로 뭉쳐서 간장을 담갔다. 문제는 '장 가르기'였다. 보리밥이 다 삭아서 숭늉처럼 되니 분리하기가 여간 힘든 게 아니었다. 그러나 간장은 맑았고, 퀴퀴한 냄새가 덜 나고, 맛도 괜찮았다.

그다음 해, 원래대로 콩과 보리를 섞어서 메주를 띄우고, 옹기에서 풀어지지 않도록 광목 자루를 만들어 그 속에 메주를 넣었다. 그렇게 하니 장 가르기를 할 때 흐트러지지 않고 힘도 덜 들었다.

맛은 양조간장 같지는 않지만 재래간장보다 훨씬 감칠맛이 나고 새까맣게 되지도 않으면서 냄새도 퀴퀴하지 않았다. 남편은 '히트상품'이 될 거라 치켜세웠다.

보리간장을 선보인 첫해에는 옹기 다섯 개 분량을 담갔다. 그다음 해는 10개, 40개, 70개, 2016년에는 74개로 늘었다. 일산 킨텍스 식품대전에 가면 많은 식품 관계자들이 보리간장을 맛보러 오곤 한다.

'나만의 장을 만들어 판매하라. 힘든 시간은 지나가리라.'

보리간장을 담글 때는 보리를 섞어 만든 메주를 옹기 안 광목 자루에 넣는다.

간장

## 깨끗한 물은 기본

　'뜰안에된장'이 머문 남양주는 도농 복합도시로 면적의 39.7%가 개발
제한구역이고 나머지 땅은 상수원보호구역, 군사보호구역 등 각종 규제에
묶여 있다. 남한강과 북한강이 만나고 쾌적한 자연환경을 자랑하므로 장 담
그기에는 적합하다. 특히 남양주시 별내면 청학리는 수락산 바로 아랫자락
에 위치해서 깨끗한 물이 흐른다.

　간장을 담글 때 물은 좋은 장맛을 결정하는 요소다. 《규합총서》에 보면
"장 담그는 물은 특별히 좋은 물을 골라야 장맛이 좋다. 비 갠 후 우물물을
쓰지 말고 좋은 물을 길어 큰 시루에 독을 안치고 간수가 다 빠진 좋은 소금
한 말을 붓고, 물은 큰 동이로 가득히 되도록 부어라"라고 적혀 있다.

　전통 장을 만드는 이들 중에는 유독 물을 어렵게 구하는 사람들이 있다.
물의 중요성 때문이라고 하나, 나는 중금속 등 유해 물질이 들어 있지 않고
깨끗하게 사용할 수 있는 물이면 괜찮다고 생각한다.

　무엇보다 장을 담그기 전에 소금물을 타놓았다가 윗물만 사용하는 것이
훨씬 좋다. 《규합총서》에 나온 물 이야기를 좀 더 적어보면 "좋은 물을 길어
시루 안친 독에 간수 빠진 좋은 소금을 부어 큰 막대로 여러 번 저어 며칠

덮어두면 소금이 맑게 가라앉아 냉수 같아진 물을 쓴다"라 했다.


## 장 가르기

어려서 장 가르기를 하는 날은 온 동네가 간장 달이는 냄새로 진동하곤 했다. 그래서인가? 나는 아무 생각 없이 장 가르기를 할 때마다 '간장 끓이기'를 한다.

"생간장이 좋다는데 왜 간장을 끓이세요?"

나도 궁금해졌다. 지금껏 나의 행동이 습관이라면, 배워서 고쳐야 한다. 그래서 식품연구원에 물었다. 답변은 이랬다.

"간장을 끓임으로써, 간장에 남아 있던 균과 이물질을 거품으로 내보내고 안전하게 보관하는 것이 좋다. 가정에서 간장을 소규모로 담글 때는 괜찮지만 판매하는 곳이라면 끓이는 것이 맞다. 그렇게 하면 몸에 이로운 균이 다 죽는다고 생각하는데, 끓이는 동안 비활성화되었다가 식으면 다시 활성화된다."

일반적으로 정월 장을 담그고 50~60일쯤 되면 메주를 담갔던 소금물이 간장이 되어 알맞게 우러난다. 이때 메주와 간장을 분리하는데 체 또는 여포 등의 거름망을 이용한다. 보리간장도 마찬가지다.

## 재 래 식 간 장   장   가 르 기   순 서

　　간장을 만들 때 주의할 점은 깨끗하게 먹을 수 있도록 잘 걸러내야 한다
는 것이다. 작은 알갱이도 들어가지 않도록 촘촘하게 고운 거름망을 준비하
여 여러 번 걸러주어야 한다.

　　그렇게 모아진 간장을 팔팔 달인 후 옹기에 담아 숙성시킨 간장이 재래
식간장, 조선간장, 국간장 등으로 불리며 밥상 위에서 맛을 낸다.


**된장이 되는 가르기 순서**

**1 .** 금줄 제거 ➡ **2 .** 고추, 숯, 대추, 대나무 막대 제거 ➡ **3 .** 메주 꺼내기 ➡
**4 .** 메주 치대기 ➡ **5 .** 항아리 담기 ➡ **6 .** 유리 뚜껑 덮기 ➡ 숙성

**간장이 되는 가르기 순서**

**1.** 금줄 제거 ➡ **2.** 고추, 숯, 대추, 대나무 막대 제거 ➡ **3.** 메주 꺼내기 ➡
**4.** 거름망으로 간장 물 여과하기 ➡ **5.** 간장 달이기 ➡ **6.** 거품 걷어내기 ➡
**7.** 뜨거운 상태로 옹기에 담기 ➡ **8.** 옹기 뚜껑 덮기 ➡
3일 후 해바라기를 위해 유리 뚜껑 덮기 혹은 촘촘한 망을 옹기 주둥이에 씌우고
옹기 뚜껑을 여닫으며 햇볕 보이기 ➡ 숙성

간장

### 재래식간장
# 만들기

장 담그기에 알맞은 철은 음력 정월부터 3월 초 사이이며, 특히 정월에 담근 장 맛을 최고로 쳤다. 온도가 낮을 때 담가야 쉽게 변질되지 않고, 또 날씨가 풀리는 것에 맞춰 골고루 알맞게 익어 특유의 감칠맛이 난다.

## 메주로 장을 담글 때 주의점

첫째, 잘 띄워진 메주를 적절한 옹기에 넣고 대나무 막대를 얼기설기 얹는다. 먼저 대나무가 잘 휘도록 너비는 2~3cm 정도, 길이는 옹기 지름에 맞춰 잘라둔다. 대나무 막대를 얹는 것은 메주가 떠오르지 않게 하기 위해서다. 메주가 떠올라서 소금물 위로 노출되면 미생물이 자라 상할 수 있고, 장맛이 제대로 우러나지 않는다.

둘째, 전날 혹은 2~3일 전 준비한 소금물은 마지막 불순물을 걸러내기 위해 옹기 위에 거름망을 걸쳐놓은 채 바가지로 조심스럽게 떠다 붓는다. 옹기 가득 소금물을 부은 다음 붉은 고추나 대추를 넣는다. 특히 옹기 소독을 위해 넣은 숯은 빼지 않고 그대로 사용하는데, 잡균을 죽이기 위한 것이다. 이 외에 붉은 고추는 살균 효과와 액막이 역할을 하고, 대추 또한 액막이로 넣는다.

간장

# 간장 담그기

**준비물** (기준 : 콩 1말로 만든 메주)

메주(6덩이), 물 21L

천일염 4.5~5kg(경기 북부는 염도 17%, 남부는 18~19%)

마른 고추, 숯, 대추(선택)

### 사전 준비

(장 담그기 3일 전)

**1.** 옹기를 깨끗이 씻어 말린다.

**2.** 별도의 용기에 물을 넣고 천일염을 풀어 불순물을 가라앉힌다(염도 17%).

### 메주로 장 담그기

**1.** 옹기 바닥에 달군 숯 1개를 넣고 꿀 1수저를 부은 후 뚜껑을 덮고 10분 소독한다.

**2.** 소독한 옹기(꿀과 숯을 넣은 그대로)에 메주를 차곡차곡 넣는다.

**3.** 메주가 뜨지 못하도록 대나무 막대를 넣어 고정한다.

**4.** 미리 풀어놓은 소금물의 윗물을 가만히 붓는다.

**5.** 달군 숯(나머지), 마른 고추, 대추를 넣고 유리 뚜껑을 덮는다.

## 장 가르기 이후

**1.** 50~60일 후 숯과 고추, 대추, 대나무 막대를 건져낸다.

**2.** 메주가 부서지지 않게 조심해서 건진다.

**3.** 거름망에 간장을 거른다.

**4.** 걸러진 간장을 중불에서 끓이면서 거품 같은 불순물을 제거한 후 불을 끈다.

**5.** 뜨거운 간장을 옹기에 붓고 뚜껑을 닫아 2차 숙성시킨다.

　＊유리 뚜껑일 경우 망 없이 뚜껑만 덮고 숙성시킨다.

수정처럼 생긴 발효 소금.

## 간장
### 숙성 및 보관

"수정인가요? 엄청 큰 수정이네."

뜰안에된장에 오면 큰 소금 덩어리를 볼 수 있다. 간장을 숙성시키는 동안 소금의 짠 기운이 밑으로 내려가 색상이 예쁜 소금 덩어리를 만든다. 사람들은 대부분 수정이냐고 묻는다. 절대 깨지지 않을 듯 단단한 결정체를 가리켜 '소금'이라 말해주면 깜짝 놀란다.

간장이 발효되는 중에 만들어진 소금을 '발효 소금'이라고도 한다. 발효 소금은 건져서 씻은 후 말렸다가 빻아서 먹으면 몸에 좋다고 한다. 하지만 나는 아직 발효 소금을 먹어보지 못했다. 씻어도 녹지 않고, 한눈에 봐도 지나치게 단단한 이 소금 덩어리를 기계에 넣고 빻다가는 기계가 고장 날 듯 보이기 때문이다.

옹기는 햇빛이 잘 드는 양지에 놓아두고 유리 뚜껑을 덮는다. 1년 정도 그대로 둔다. 유리 뚜껑이 없는 경우는 옹기 주둥이에 망을 씌우고, 아침에 해가 나면 뚜껑을 열어서 해를 보이고 밤에는 덮는다. 3개월간 해바라기를 한 후 숙성 기간에는 뚜껑을 덮는다. 가능하면 유리 뚜껑을 사용한다.

# 레시피를
## 지켜라

　나는 23세에 결혼해서 시어머니를 모시고 해마다 장을 담갔다. 공식적인 횟수는 그보다 훨씬 적지만, 결혼한 시절부터 담가온 연수를 세면 30년이 넘는다.

　당시는 장을 담그다가 모르면 시어머니, 친정어머니 외에는 물어볼 사람이 없었다. 나는 워낙 일을 대충 하는 것을 싫어하고 무서운 줄 모르고 덤비는 성격이라, 명확한 답변이 나오지 않으면 많이 답답했다.

　지금이야 인터넷이 발달하고 커뮤니케이션이 잘되니, 궁금한 것을 질문하면 언제든지 해답을 얻을 수 있다. 하지만 내가 장을 배워나가고 이런저런 시도를 하던 시절에는 어려움이 많아 큰 산을 넘는 기분이 든 적도 많았다. 세상이 얼마나 편해졌는지 모른다.

　나는 '친정 엄마 프로젝트', '된장학교', '체험학교' 등에서 만난 사람들이 질문해오면 내가 겪었던 상황을 떠올리며 최대한 친절하게 답변하려고 애쓴다.

　특히 쇼핑몰이나 전화로 판매되는 뜰안에된장의 상품에는 어려움 없이 드시도록 구체적인 레시피를 적어서 동봉한다. 그런데 내가 보낸 레시피가 간혹 무시당하기도 한다. 간장, 된장을 담가본 주부들이나 어르신들이 더욱 그러하다.

한번은 메주를 사 가신 분이 '간장이 검어지지 않고 맑다'면서 전화를 걸어왔다. 그럴 리가 없는데 하면서 나는 "레시피에 물 20L를 부으라고 했는데 잘 지키셨나요?" 하고 물었다.

"내가 장을 담근 지가 얼마인 줄 알아요? 열여섯에 시작해서 예순이 넘도록 담갔는데 그걸 모르겠어요?"

나는 분명 레시피를 지키지 않았음을 느꼈다. 그래서 직접 가보았다. 방문하여 보니 물을 얼마나 부었는지, 20L를 부어야 하는데 60L는 부은 듯했다. 메주 한 말에 늘 이렇게 물을 많이 부었냐고 물으니 '그렇다' 한다.

고기 한 덩이를 끓이면서 물을 한 양동이 부으면 아무 맛이 안 난다. 그날 잘못 담근 메주가 아까워서 김장 비닐 큰 것을 가져갔지만 다 넣지도 못했다. 남편은 가져온 간장을 졸이는 나를 보며 버리라고 조언했다. 나는 '메주를 팔지 말까? 사람들이 메주를 너무 몰라' 생각하며 남편에게 물었다.

"비싼 명품을 사도 자기 스타일이 아니면 싫다고 해. 몇몇 사람의 불평 때문에 그러면 안 되지."

나는 정말이지 사람들이 맛있게 먹기를 바라면서 이런저런 과정을 적어서 보낸다. 다른 곳에서 메주를 사서는 내게 물어보는 경우도 있다. 그래도 열심히 아는 대로 대답해준다. 어찌 되었든 전통식품을 만들어보겠다고 큰 용기를 내서 사 갔을 분들에게 꼭 전하고픈 말은 "레시피를 잘 읽어보고 그대로 따라주면 좋겠다"다.

**된장
학교**

"이것이구나. 이걸 몰라서 잘못된 거네."

나는 부족하다 싶으면 교육을 받는다. 된장, 간장은 말할 것도 없고 발효, 전통주, 식초 등 100% 출석이 어려워서 그렇지, 틈틈이 챙겨서 다닌다. 어떤 교육이든 직접 경험하기 전에는 모두 이해할 수 없어도 필요한 것이 귀에 쏙쏙 들어온다. 그래서 교육을 끊임없이 받아야 한다고 생각한다.

지금도 나는 받고 싶은 교육이 정말 많다. 시간이 안 맞아 못 가고, 장소가 멀어서 못 가지만 기회가 닿는 대로 겸손한 마음으로 배움의 길을 걷고 프다.

반면 배움을 받으러 오는 사람에게도 열심히 알려주려 한다. 메주를 잘 띄우는 방법을 물었는데 문헌에 나오는 답만 하면 맥이 빠진다. 자기만의 노하우라며 '알려줄 수 없어' 하는 사람을 보면 그 사람이 달리 보인다.

뜰안에된장은 2015년에 된장학교를 시작했다. 된장학교에는 정말이지 '장에 대한 열정'이 가득한 사람들로 붐빈다. 그들 중에는 이미 수년간 된장을 담가왔고 음식에 대한 전문적인 지식을 갖춘 사람도 꽤 된다. 또 농업기술센터나 기술원 등에서 귀농을 준비하는 사람도 있다.

　나는 된장학교를 운영하면서 체험학교, 친정 엄마 프로젝트 등을 망라한 교육에 대한 원칙을 세웠다.

　첫째, 가능한 한 전부 보여주며 대답한다. 이는 순전히 내 경험에서 나온 것인데, 반대로 내가 교육받으러 다닐 때는 되레 물어보기도 겁나는, 중요한 정보를 뺏어가는 사람처럼 대접받는 경우도 있었다.

　둘째, 손맛이 아니라 계량화된 표준 맛을 제대로 전한다. 기본이 되는 메주를 만드는 법부터 간장과 된장, 고추장, 쩜장 담그기까지 가능한 한 체계적으로 교육하려 한다.

　셋째, 전통을 지키는 사람들의 끈끈한 연대감을 공유한다. 나는 장에 대한 이야기를 하면서, 우리의 장을 후손에게도 제대로 전해줘야겠다는 공감대를 형성할 때가 좋다. 나는 사람들을 두 부류로 나눈다. 전통을 까먹는 사람과 전통을 키워나가는 사람이다. 대부분은 전통을 까먹는다. 전통이라고 불평하기보다 전통이니까 더 새로이 추가하려는 배움의 장이 되게 하겠다.

넷째, 교육 시간에 제품 홍보 같은 것을 하지 않는다. 교육을 받으러 가서 농장이나 제품 소개만 듣다 오면 다시는 가고 싶지 않다. 다음에 또 가서 배우고 싶은 마음이 들어야 한다.

다섯째, 나만 옳다는 생각을 경계한다. 어렵게 터득해서 기술을 익혔다고 해서 '이것만 옳다'고 고집 부리면 안 된다. 사실 배우러 가면 다 안다. 그가 얼마나 고생을 했을지를 말이다. 전통을 지키려는 사람들끼리는 더 금방 안다. 구차하게 우리가 어떻게 커왔다고 말하는 것, 그러니 모든 길은 내게로 통한다는 태도를 삼가겠다.

교육은 나를 한 단계 위로 올렸다. 나 또한 교육을 통해 그러기를 원한다. 딱히 내세울 이름표는 없고 혼자 터득해서 여기까지 왔다. 오직 맛으로 승부하고 내공을 쌓아가려는 나와 뜰안에된장 식구들의 자부심이 운영 원칙에 녹아 있다.

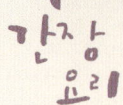

# • 오리엔탈 소스 샐러드 •

**오리엔탈 소스**

보리간장 2 : 식초 2 : 올리브유 1 : 매실청 3

**1.** 신선한 과일과 채소를 씻어 준비한다.

**2.** 한 입 크기로 잘라 그릇에 담는다.

**3.** 그 위에 소스를 뿌린다.

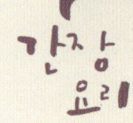
## · 머윗잎 간장 장아찌 ·

흔히 사람들은 좋은 재료를 가지고 간장 장아찌를 담근다.
문제는 간장이 탈지 대두로 만든 혼합간장이나 양조간장이라는 것이다.
나는 재래식간장으로 장아찌를 담그고 싶었다.
화학 첨가제가 들어가지 않은 장아찌, 봄에 나는 나물로 준비했다.

머위(봄나물) 4.9kg

장아찌 간장
보리간장(조선간장) 1.7kg
배 발효액 1.7kg
산야초 식초 1L

1. 장아찌 간장용 재료들을 섞어 팔팔 끓인다.
   간장이 식을 동안 머위를 꼭꼭 눌러 병에 담는다.

2. 머위를 살짝 누르고, 완전히 식은 간장을 붓는다.

3. 뚜껑을 닫아 3일 정도 놔둔다.

4. 간장에 잠기지 않은 부분이 있으면 다음 날 뒤집어서
   간장에 잠기게 한다.

5. 3일 후 머위를 담근 간장을 쏟아 다시 한 번 팔팔 끓인다.

6. 완전히 식힌 다음 다시 머위에 붓는다.
   두 번째 부을 때는 머위가 숨이 죽어 훨씬 수월하게 잠긴다.

7. 뚜껑을 덮고 일주일 정도 숙성시킨 후 냉장 보관을 한다.

# 청국장

약 식 동 원 의

선 두   음 식

건 강   지 킴 이

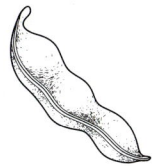

# 건강을 지키는 음식,
## 최고 중의 최고

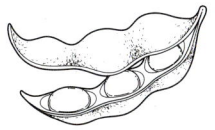

    콩을 삶아 따뜻한 곳에 두고 발효시켜 만든 청국장은 수백억 마리의 미생물과 항산화 물질, 항암 물질, 면역 증강 물질 등 생리 활성 물질이 들어 있는 최고의 음식 중 하나다. 무엇보다 콩으로 만든 식품 중 소화가 가장 잘 되어서 콩을 통째로 섭취해도 무리가 없고 영양 손실이 적어 이상적인 발효 식품 형태다.

    청국장은 과거에는 가을부터 이듬해 봄까지 만들어 먹기를 권장했지만 요즘은 계절에 상관없이 먹는다. 콩 발효 식품 중 발효 기간이 가장 짧아, 균을 증식시키고 2~3일 만에 손쉽게 먹을 수 있기 때문이다.

    또 만드는 기간이 오래 걸리는 된장처럼 자연균 발효를 통해 생성된다. 청국장 발효에 관여하는 주된 미생물은 콩과 볏짚에 붙어 있는 바실러스 서브틸리스다. 발효 과정 중 끈끈한 점액이 생기고 청국장 특유의 냄새가 나면 바로 먹을 수 있다. 그대로 먹어도 되고, 소금과 파, 마늘, 고춧가루를 섞어 찧어 덩어리로 만들어놓았다가 끓여 먹는다.

    일본의 낫토<sup>natto, 낫또</sup>와 비슷하다고 말하는 이도 있는데 이는 잘못된 것이다. 낫토는 콩을 삶은 뒤 단일 발효균인 낫토균을 넣어서 만든 것으로, 상업적으로 성공해서 사람들이 관심을 많이 가지는 음식이다. 청국장도 생으로 먹기에 좋은 발효 식품이며, 복합적인 자연균으로 발효되었으므로 낫토보다 더 많은 영양을 가지고 있다.

청국장은 주로 남쪽 지방에서 특히 많이 만들어 먹는데, 추운 겨울에 김장김치를 넣고 구수하게 끓인 청국장찌개는 별미다. 역사적으로 1766년 유중림이 출간한 《증보산림경제》에 전국장戰國醬 제법에 관한 부분이 나오는데, "태두太豆를 잘 씻어 삶아서 고석에 싸서 따뜻하게 3일간 두면 생사生絲가 난다(진이 난다)"라고 적었다. 기록의 '전국장'은 지금의 청국장과 같다. 청나라에서 전래되었다고 해서 '청국장淸國醬'이라 부른다는 말이 있는데 잘못된 설이다.

앞서 말한 대로 청국장은 약보다도 우수한 효능을 가진 음식으로서 꾸준히 먹으면 유방암, 갱년기 질환, 전립선암 예방에 좋으며, 다이어트 효과가 뛰어나다. 또한 혈액 순환을 원활하게 해서 노화와 주름살을 방지한다. 이 외에도 동맥경화, 심장병, 당뇨병, 노인성 치매, 골다공증 등의 성인병을 예방하는 효과가 있다는 것이 연구를 통해 밝혀졌다.

## Non-GMO 국내산 대두로
## 만들어요

"냉동고에서 청국장을 꺼내고 시간이 지나서 살살 휘저으니 끈적끈적한 실 같은 점액질이 보이네요. 이게 바실러스 균의 작용인가요? 맛있습니다."

된장학교에 왔다가 청국장을 1kg 사 간 분에게서 문자가 왔다. 맛있게 먹었다는 이야기에 기분이 좋아지면서 따뜻해진다. 뜰안에된장 청국장은 2011년 전통식품 품질인증을 받았다. 크기가 적당하면서도 토실한 청국장 콩은 연천농협을 통해 구매한 Non-GMO 대두로, 유전자 조작이 없는 신토불이 국내산이다.

콩과 된장의 소화 흡수율을 보면 콩 55%. 삶은 콩 65%, 된장 85%로 흡수율이 높아지니, 그만큼 더 많은 영양소를 흡수할 수 있다.

이제는 가격이나 양보다 몸에 좋은 음식을 찾는 시대다. 제대로 된 밥상이 약 한 첩 먹는 것보다 낫다. 그래서 몸에 좋은 유익균·유산균이 많이 들어 있는 음식이 건강식품으로 각광받는다.

콩은 건강에 유익한 재료이므로 그를 활용한 음식도 인기가 좋다. 두부, 두유, 된장, 청국장 등 아이부터 성인, 노인까지 누구나 만족할 만한 건강식품이다.

요즘 인기를 얻고 있는 생청국장은 잘 띄우면 자연균이 생성되어서 먹을 수 있다. 생청국장은 저으면 저을수록 실이 늘어나며, 실이 잘리면 명주실처럼 날린다. 반면 낫토는 실이 길게 늘어난다.

청국장을 잘 띄우려면 환경이 좋아야 한다. 1990년대 초 아파트에서 장을 띄우니 숙성이 되지 않았다. 처음에는 손맛 때문인 줄 알았다. 그래서 이듬해 더 정성을 들여 만들었는데 여전히 안 되었다. 그 이듬해도 마찬가지였다. 남양주에 와서는 그런 일이 없어졌다. 생각해보니 온도·습도·햇볕·공기·지열 등 발효와 숙성에 영향을 미치는 자연의 조건이 잘 맞아야 한다.

뜰안에된장에서는 일정 온도와 습도를 유지하며 황토방에서 3일 정도 발효 과정을 거친다. 볏짚과 소나무 선반 위에서 유익하고 좋은 곰팡이가 생성된다. 이렇듯 온도, 습도, 장소 3박자가 어우러지면 퀴퀴한 잡내가 덜한 청국장이 완성된다. 이것을 생청국장(낫토와 비교되는)이라 한다. 여기에 고춧가루와 천일염을 혼합해 찧어 만들면 시판 청국장이 된다.

나는 장을 담그려면 여러 가지를 알아야 한다고 생각한다. 친정어머님께 장에 대해 물어보면 힘든 일인데 뭘 알려고 하느냐 말하신다. 과정이야 힘들고 어렵지만 하나씩 이뤄가는 것이 흥미롭기만 하다.

청국장
**만들기**

청국장은 콩을 푹 삶아 35~38℃의 알맞은 온도에서 40~48시간 정도
지나면 먹을 수 있다. 이때 볏짚을 넣어주면 청국장 발효에 유용한 고초균
이 있어 효과적이다.

# 청국장 담그기

**재료**

메주콩 10컵, 물 15컵, 다진 생강 2큰술, 다진 마늘 2큰술, 고춧가루 1컵, 소금 2컵


## 담그는 법

**1.** 메주콩을 물에 담가서 위로 떠오르거나 벌레 먹은 것 등은 버리고
잘 씻어 하루 동안 불린다.
솥이나 큰 냄비에 불린 콩을 담고, 물을 넉넉히 부어 삶는다.

**2.** 삶는 도중에 가끔 나무 주걱으로 위아래를 잘 섞어주고, 특히 바닥에 눕지 않게 한다.
콩알이 잘 무르고 약간 붉은 빛이 돌면 잘 삶아진 것이다.

**3.** 넓적한 소쿠리에 콩을 쏟아 물기를 뺀다.
물기가 빠지면 바닥에 천을 깐 후 골고루 콩을 깔아준다.
사이사이 깨끗한 짚을 넣은 뒤 천을 덮는다.
전체를 헌옷이나 담요로 둘러싸서 35~38℃ 정도의 따뜻한 곳에 둔다.

**4.** 2~3일이 지나면 삶은 콩에 끈끈한 점액질이 생기고, 뜨면 실이 나기 시작한다.
나무 주걱으로 위아래를 뒤섞어서 발효가 고루 되게 하면서 하루 정도 더 둔다.

**5.** 소금, 마늘, 생강, 고춧가루를 넣고 골고루 섞어서 냉동 보관한다.

# 김장
## 학교

8월이 되면 뜰안에된장은 배추를 심느라 바쁘다. 배추 1,500포기를 기르고, 그 배추가 소진될 때까지 김장학교를 연다. 처음 김장학교를 연 해는 700포기를 심어 김장을 담갔는데 현재는 1,500포기로 늘었다.

전통식품 교육을 하는 것은 어렵게 전해지는 전통에 좀 더 쉽게 접근하게 하기 위해서다. 첫 번째가 김장이다. 요즘은 어디서든 김치를 구할 수 있다. 하지만 직접 담그기에는 너무 부담스럽고 준비물도 많다. 이런 이유로 '김장하기'를 멀리하니, 김장학교를 통해 김장 노동에서 김장 놀이로 바꾸고자 한다.

바쁜 사람들은 김치를 가져가도 좋지만, 김치 속을 만들고 직접 재배한 배추에 버무려 김치를 담그는 뜰안엔된장 김장학교가 더 의미 있다. 작년에는 손녀가 할머니와 어머니를 모시고 와서 함께 김치를 담그니 참 보기 좋았다.

전통식품은 우리 조상들의 지혜와 손맛이 담겨 있다. 자연에서 자란 재료 본연의 맛과 영양을 그대로 살린 전통식품은 우리 문화가 꼭 보존해야 하는 가치를 지녔다.

'뜰안에된장' 에서 재배, 소금에 절인 무공해 배추.

청국장

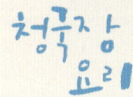

청국장
요리

## · 청국장찌개 ·

청국장은 채소를 먼저 익힌 다음 나중에 넣고 살짝 끓이는 것이 좋다.
이렇게 하면 청국장의 유익균이 끓이는 과정에서 비활성화되었다가 식으면서 다시 활성화된다고 한다.
물론 100% 회복되는 것은 아니다.

(4인분)
뜰안에된장 청국장 200g(1덩이)
애호박 1/2개
양파 1/2개
두부 1/4모
대파 1/2뿌리
청양고추 1개
멸치 다시마 육수 500ml
국간장 조금

1. 멸치 다시마 육수를 500ml 만든다.

2. 호박, 양파를 먹기 좋은 크기로 썬다.

3. 끓여놓은 멸치 다시마 육수에 호박, 양파를 넣고
   익을 때까지 끓인다.

4. 끓는 동안 청양고추, 두부, 대파를 썰어놓는다.

5. 채소가 모두 익으면 청국장을 풀어 부르르 끓이고,
   청양고추와 두부를 넣고 한 번 더 끓인다.
   마지막에 파를 넣고 국간장으로 간을 맞추면 완성된다.

# ·생 청 국 장·

청국장은 진을 내기 위해 여러 번 저어준다.

**먹는 방법**

☐ 계란말이를 할 때 생청국장을 넣어 만다.

☐ 간장이나 겨자 소스를 섞고 김에 싸서 먹는다.

☐ 샐러드에 넣어 먹는다.

☐ 음료에 섞어 갈아 마신다.

☐ 쌈에 얹어 먹는다.

☐ 쌈장과 참기름을 넣고 비벼 먹는다.

부록

# 된장
# 장아찌

돌   아   선
입   맛   도
살   리   다

## 된장을 이용한
### 장아찌

    뜰안에된장에 오면 살 것도 있어야 한다. 여러 가지 다양한 제품은 뜰안에된장이 매일매일 흥겨운 잔치 분위기를 이어가는 에너지가 된다.

    쩜장을 만들다 보니 버려야 할 것들이 많았다. 옹기 윗부분에 마른 쩜장은 버리자니 특히 아까웠다. 어릴 때 고추장 항아리에서 장아찌를 꺼내어 썰어주던 기억을 더듬어, 꾸덕해진 쩜장에 발효액을 섞은 다음 장아찌 재료를 박아두었다.

    예를 들어 무장아찌를 만들기 위해 고추장에 무를 넣으면 무에서 나온 물기 때문에 고추장을 한 번 사용한 후 버려야 한다. 쩜장은 수분도 적당히 부족하고, 실험하다 실패해도 크게 아쉬울 것이 없으므로 나는 이런저런 식재료를 가지고 연구를 시작했다.

    그리고 제법 맛있게 나오기 시작하면 뜰안에된장을 방문하는 체험객들과 함께 먹어보고 반응을 살폈다. 한번은 내가 속한 전통주 동아리에서 점심을 해서 같이 먹을 때 장아찌를 내놓았다. 사람들이 "어떻게 이런 맛이 나왔어요?"라고 물어왔다.

    비트, 배, 양파, 매실, 박, 콜라비 등 식재료를 넓혀가며 장아찌를 만드니, 누가 가르쳐주지 않아도 재료가 눈에 띄면 '저 재료를 어떻게 활용할까?' 한다.

    발효된 장을 이용한 장아찌는 다들 비슷해 보이지만, 식재료의 특성에 따라 개운하고 맛있게 짭짤한 맛을 내며 돌아선 입맛도 살려낸다.

배 된장 장아찌

# 된장 장아찌

### 재료
배 · 비트 · 오이
천일염, 된장, 배청 혹은 각종 발효액


## 손질하기

**1.** 비트와 오이는 깨끗이 씻어 소금에 5~6시간 절인다.

**2.** 절이는 동안 간이 골고루 배도록 뒤적거린다.

**3.** 다 절여진 비트와 오이는 바구니에 쏟아서 물기를 뺀다.

**4.** 배는 껍질 까서 씨를 발라낸다. 큰 배는 8등분 한 다음 씨를 제거한다.

**5.** 된장은 단맛이 강하게 날 때까지 발효액을 넣어 잘 섞는다.


## 만들기

**1.** 된장과 발효액을 섞은 장에 물기를 뺀 과일과 절인 채소를 푹 잠길 정도로 박아준다.

**2.** 6개월 이상 냉장 보관하며 숙성시킨다. 짠맛과 단맛이 스며든다.
밖에 놔두면 곰팡이가 필 수 있으니, 숙성 기간이 오래 걸려도 냉장 보관한다.

**3.** 맛이 들면 먹기 좋은 크기로 자른다. 싱거우면 된장에 조금 더 담갔다가 내도 좋다.

비트 된장 장아찌

오이 된장 장아찌

의심 많은 교양인을 위한 상식의 반전 101 김규회, 황선정, 송진욱 지음, 끌리는책(2012)

두산백과

공기로 빵을 만든다고요? 인류 굶주림의 해결사 프리츠 하버의 삶과 과학 여인형 지음, 생각의힘(2013)

고추와 캡사이신 여인형, 2012. 3. 30.

글로벌시대의 음식과 문화 우문호, 엄원대, 김경환, 권상일, 우기호 지음, 학문사(2006)

문화콘텐츠닷컴(문화원형백과 조선시대 식문화) 한국콘텐츠진흥원(2003)

고추장 한국민족문화대백과, 한국학중앙연구원

시집가고 장가가고 송기호 지음, 서울대학교출판문화원(2009)

파워푸드 슈퍼푸드 박명윤, 이건순, 박선주 지음, 푸른행복(2010)

농식품백과사전 농림수산식품교육문화정보원

콩(잘 먹고 잘사는 법 48) 손미선 지음, 김영사(2004)

한국의 저장 발효음식 윤숙자 지음, 신광출판사(2007)

고추장(문화원형백과 조선시대 식문화) 한국콘텐츠진흥원(2003)

발효식품학 이한창, 박인숙 지음, 신광출판사(2004)

식품제조학 (이병영 외 5인 엮음, 한국농수산대학)

간장 [―醬] (한국민족문화대백과, 한국학중앙연구원)

아미노산간장[chemically processed soy sauce] : 식품과학기술대사전 한국식품과학회 편집, 광일문화사(2004)

아미노산간장 : 영양학사전 채범석 외 지음, 아카데미서적(1998)

청국장 : 우리가 정말 알아야 할 우리 음식 백가지 1 한복진 지음, 현암사(초판 1998, 10쇄 2011)

청국장(淸國醬, cheonggukjang, natural fermented soybean by B. subtilis) : 식품과학기술대사전
한국식품과학회 지음, 광일문화사(2008)

산막효모(film yeast) : 식품과학기술대사전 한국식품과학회 지음, 광일문화사(2008)

낫토(natto) : 세계 음식명 백과 마로니에북스

좋은 메주 고르기 – 장맛을 결정하는 메주 : 콩(잘 먹고 잘사는 법 48) 손미선 지음, 김영사(2004)

농진청 국립농업과학원 우수 연구성과 〈하〉 전통 메주 유래, 토종곰팡이 종균 개발,
이영주 기자, 한국농어민신문(2016. 04. 05.)

GMO(Genetically Modified Organism) : NEW 경제용어사전 미래와경영 편집부 지음, 미래와경영(2006)

GMO(유전자변형 농산물) : (시사상식사전, 박문각)

옛날에는 약으로 쓰였던 된장 – 콩과 민간요법 : 콩(잘 먹고 잘사는 법 48) 손미선 지음, 김영사(2004)

춘장(chunjang, a kind of fermented soybean product colored by caramel) : 식품과학기술대사전
한국식품과학회 지음, 광일문화사(2008)

생명과학대사전 강영희 지음, 아카데미서적(초판 2008, 개정판 2014)